三河物語

徳川家康25の正念場

伊藤賀一

リベラル新書

はじめに

私は普段、高校生・中学生を中心に、日本史を教える仕事をしています。生徒さんに「好きな歴史人物は？」と聞くと、意外に「徳川家康《とくがわいえやす》」という人は多いです。昭和47（1972）年生まれの第二次ベビーブーマー世代の私の周囲で、若い頃に「家康好き」の人は皆無《かいむ》だったような気がします。

戦国期なら織田信長《おだのぶなが》や伊達政宗《だてまさむね》、幕末期なら坂本龍馬《さかもとりょうま》や沖田総司《おきたそうじ》、華《はな》のあるスターに人気は集中。だからこそ、戦国と幕末以外全然詳しくない、ちょっとアンバランスな「歴史好き」が多かった。しかもそれは男子限定だったり。

1991年のバブル崩壊後、「失われた30年」の中で、若者の気質も変わりました。「上京して一発当ててやろう」「天下獲《と》ったる」的なノリは、もはや「意識高い系」を通り越して「老害」「パワハラ」と言われかねない時代。語学とプログラミングと金融知識が必須なんですって！　その1つもできない私は、気合と根性と体力、そしてそれを見守ってくれる周囲の優しさで生きてきました。それなりに血も汗も流し、泣き笑いもしてきたからでしょうか。幸い、今のところ食べていけてます。

でも正直、「浮いてるな」とも思います。こんなのもう古いのかな、と……。

話を戻すと、若い人、特に女性に家康が人気があるのは、「最終的に勝ってる」という点が大きいようです。何となく落ち着いた感じ、どっしり座ったまま頭でいろいろ考え、家臣団をうまく使い、いい感じのタヌキちゃん。優しいね、余裕だね。

果たして、それは本当でしょうか？

いやいや、舐めちゃいけない。幼少時からの激烈《げきれつ》な苦労、押さえられないほどの強気と圧倒的な武力、時代の流れに合わせた武から文への冷酷《れいこく》なまでの転換。

修羅場《しゅらば》をくぐってきた天下人の凄《すご》みと、それをさまざまな気持ちで支えた人たち。決して一朝一夕《いっちょういっせき》ではなかった。それを感じてくだされば著者として本望です。

伊藤　賀一

三河物語　徳川家康25の正念場／目次

地中の章

徳川家の先祖

目次

地上の章

若き日の苦難と不屈

天下の章

家康と三河武士、天下を獲る

目次

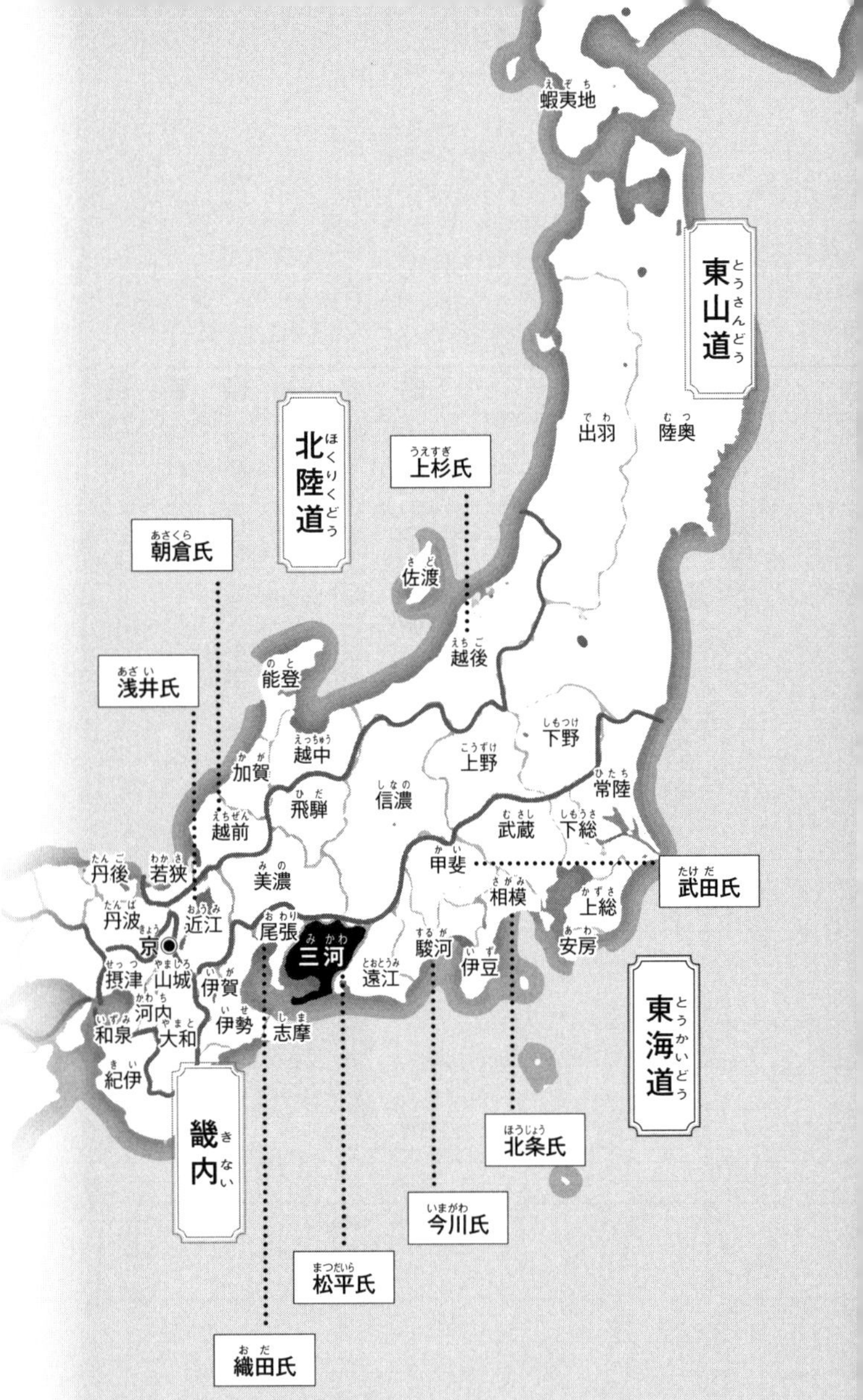
蝦夷地《えぞち》
東山道《とうさんどう》
出羽《でわ》
陸奥《むつ》
北陸道《ほくりくどう》
上杉氏《うえすぎ》
朝倉氏《あさくら》
佐渡《さど》
越後《えちご》
浅井氏《あざい》
能登《のと》
越中《えっちゅう》
下野《しもつけ》
加賀《かが》
上野《こうずけ》
常陸《ひたち》
飛騨《ひだ》
信濃《しなの》
越前《えちぜん》
武蔵《むさし》
下総《しもうさ》
丹後《たんご》
若狭《わかさ》
甲斐《かい》
武田氏《たけだ》
美濃《みの》
相模《さがみ》
上総《かずさ》
丹波《たんば》
近江《おうみ》
尾張《おわり》
京《きょう》
三河《みかわ》
駿河《するが》
安房《あわ》
摂津《せっつ》
山城《やましろ》
伊賀《いが》
遠江《とおとうみ》
伊豆《いず》
河内《かわち》
和泉《いずみ》
大和《やまと》
伊勢《いせ》
志摩《しま》
東海道《とうかいどう》
紀伊《きい》
畿内《きない》
北条氏《ほうじょう》
今川氏《いまがわ》
松平氏《まつだいら》
織田氏《おだ》

戦国時代の日本（1550年ごろ）

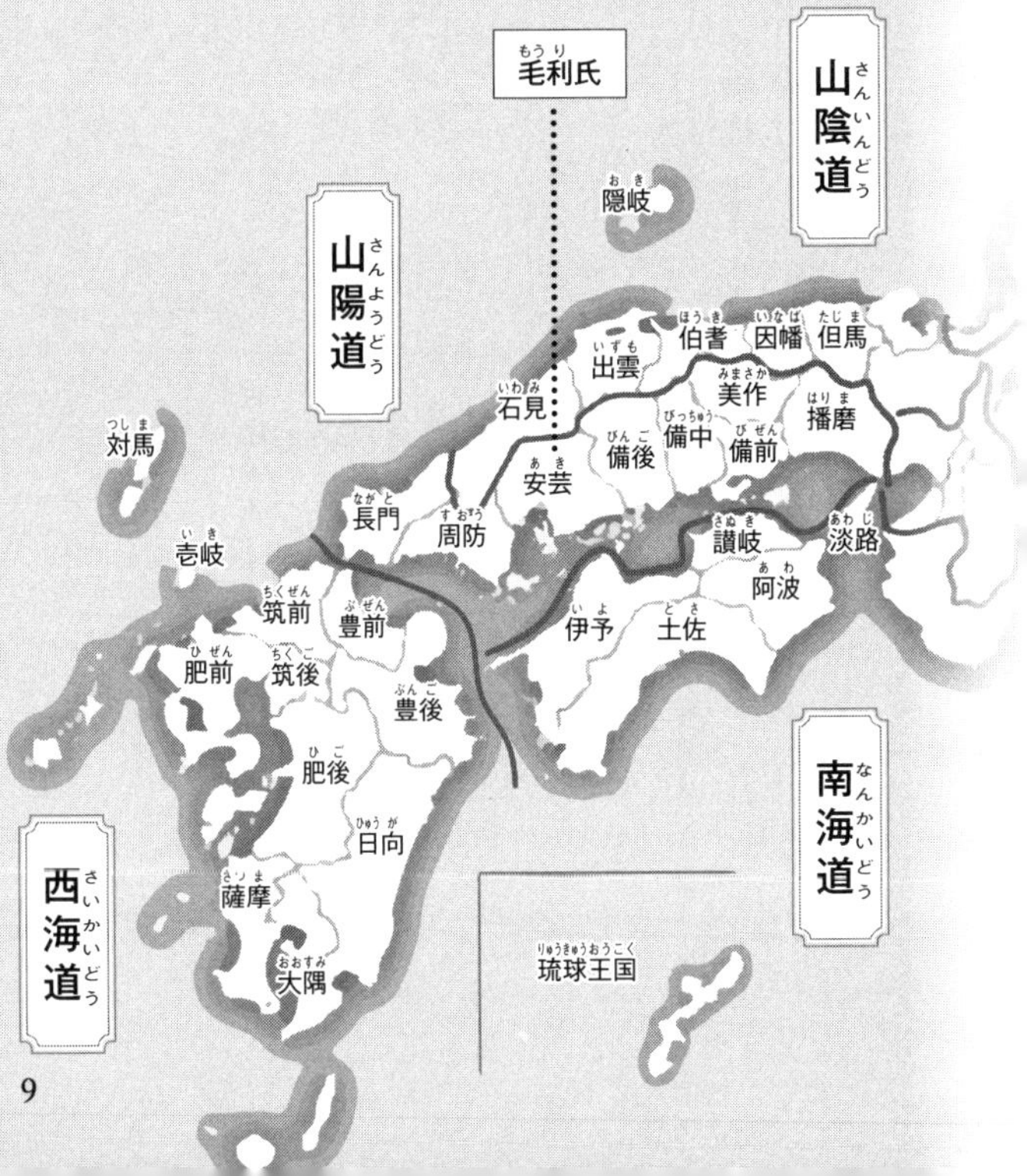

松平氏・徳川氏系図

❶～⓯は将軍の代数

‖は養子関係

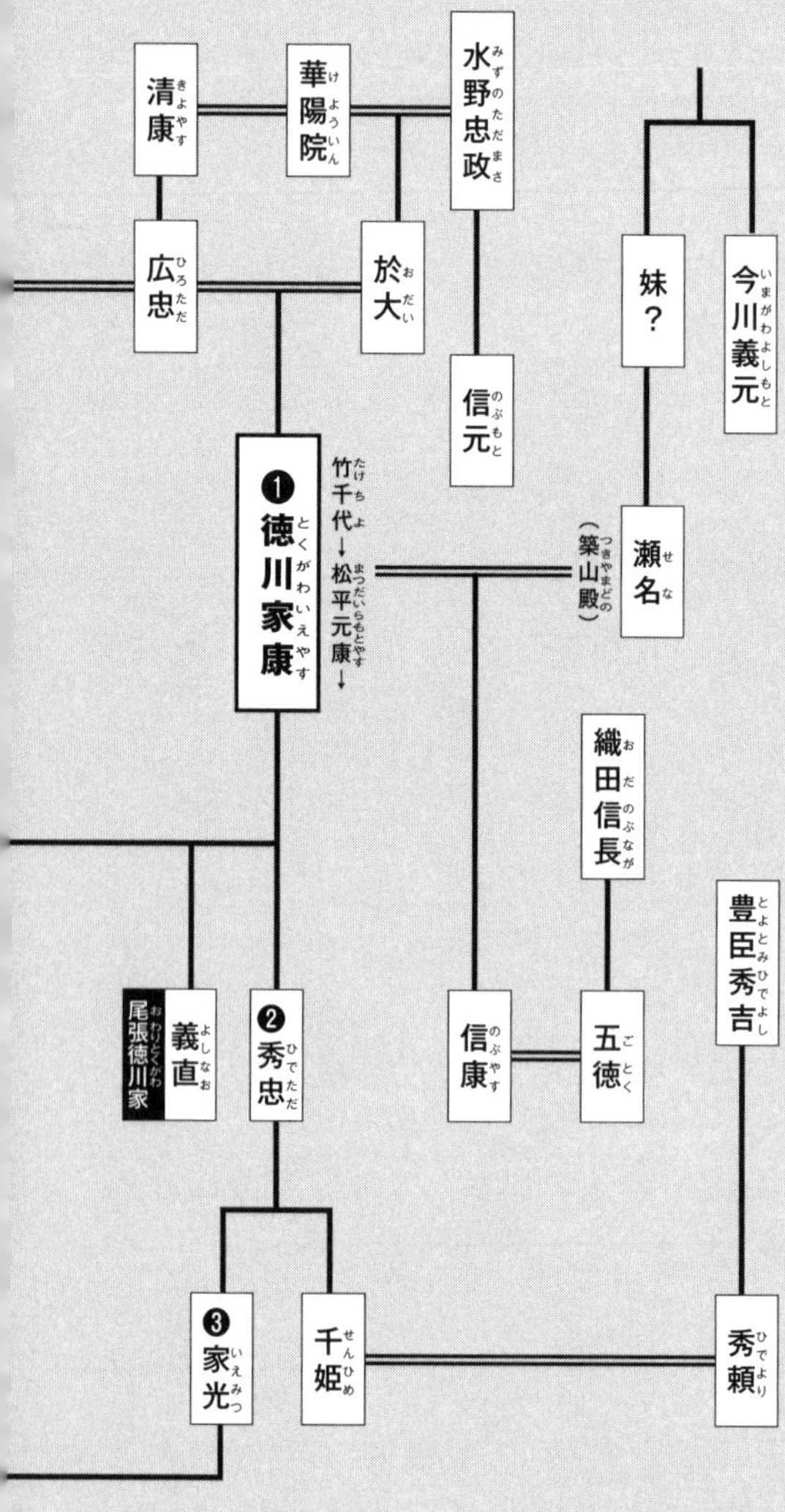

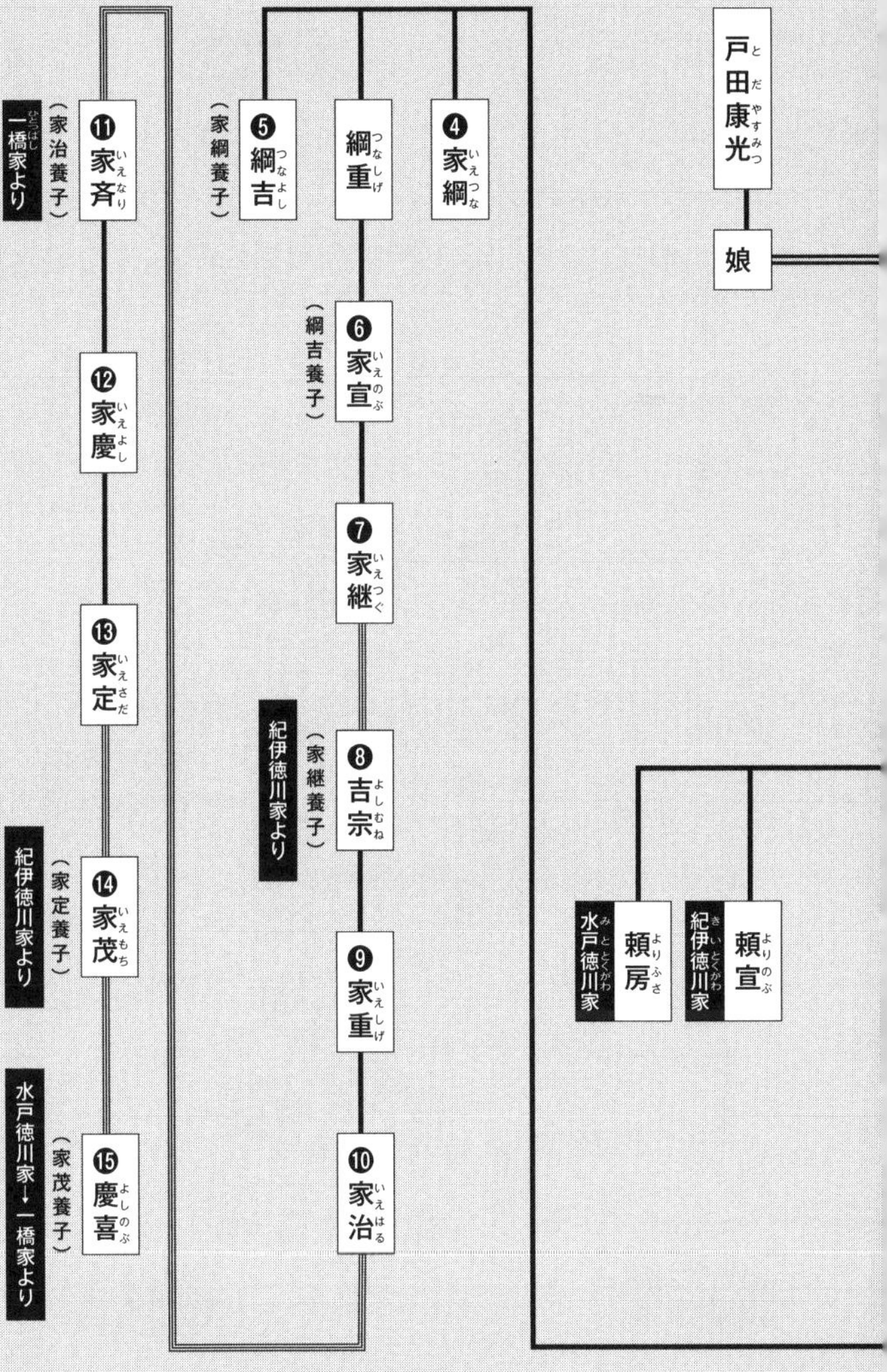
戸田康光《とだやすみつ》
娘
④家綱《いえつな》
綱重《つなしげ》
⑤綱吉《つなよし》
（家綱養子）
⑥家宣《いえのぶ》
（綱吉養子）
⑦家継《いえつぐ》
⑧吉宗《よしむね》
（家継養子）
紀伊徳川家より
⑨家重《いえしげ》
⑩家治《いえはる》
⑪家斉《いえなり》
（家治養子）
一橋《ひとつばし》家より
⑫家慶《いえよし》
⑬家定《いえさだ》
⑭家茂《いえもち》
（家定養子）
紀伊徳川家より
⑮慶喜《よしのぶ》
（家茂養子）
水戸徳川家→一橋家より
頼宣《よりのぶ》
紀伊《きい》徳川《とくがわ》家
頼房《よりふさ》
水戸《みと》徳川《とくがわ》家

『三河物語』人物相関図

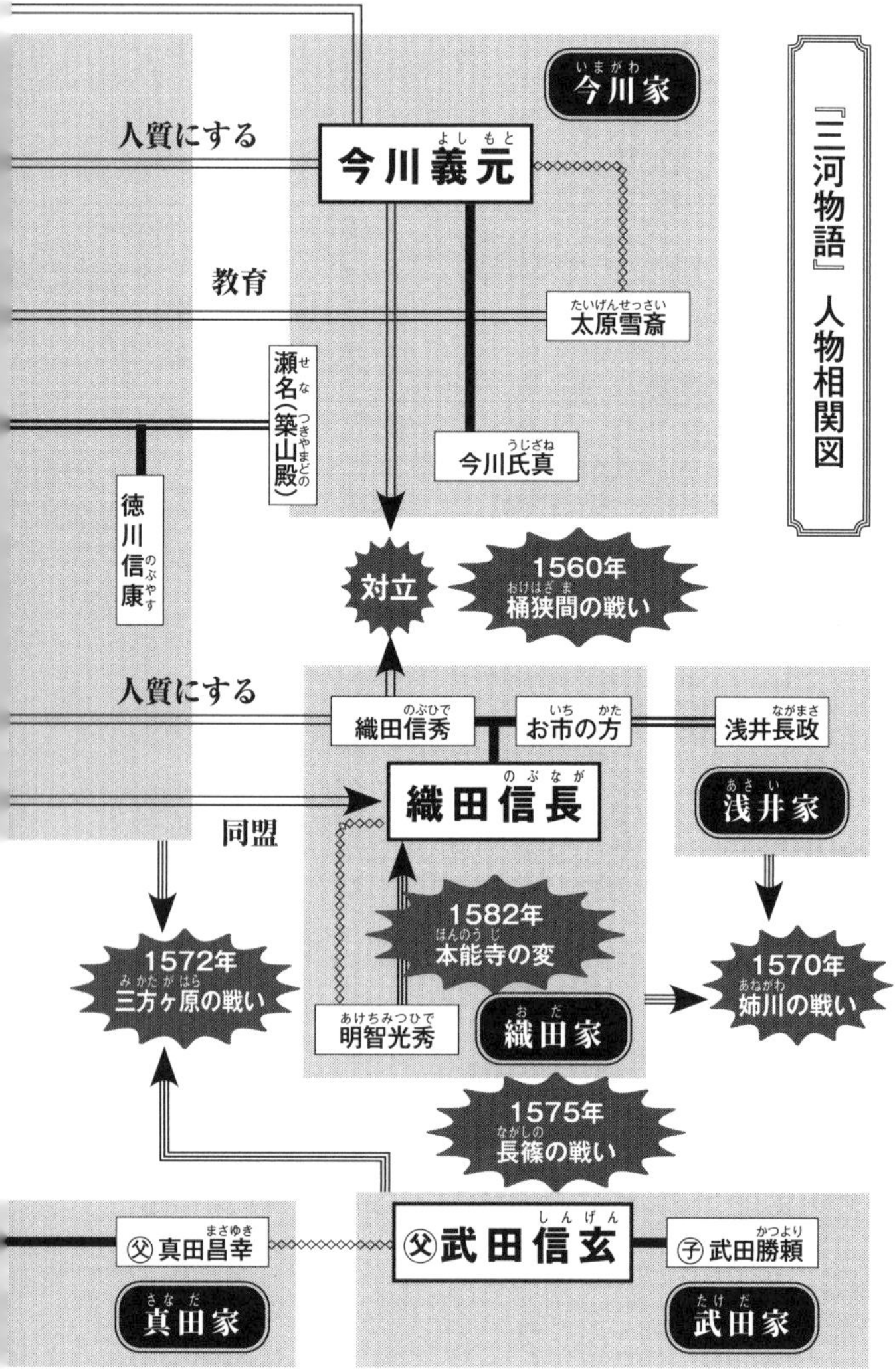

今川《いまがわ》家
今川義元《よしもと》
人質にする
教育
太原雪斎《たいげんせっさい》
瀬《せ》名《な》（築山殿《つきやまどの》）
今川氏真《うじざね》
徳川信康《のぶやす》
対立
1560年
桶狭間《おけはざま》の戦い
人質にする
織田信秀《のぶひで》
お市《いち》の方《かた》
浅井長政《ながまさ》
織田信長《のぶなが》
浅井《あさい》家
同盟
1582年
本能寺《ほんのうじ》の変
1572年
三方ヶ原《みかたがはら》の戦い
1570年
姉川《あねかわ》の戦い
明智光秀《あけちみつひで》
織田《おだ》家
1575年
長篠《ながしの》の戦い
㊫ 真田昌幸《まさゆき》
㊫武田信玄《しんげん》
㊚ 武田勝頼《かつより》
真田《さなだ》家
武田《たけだ》家

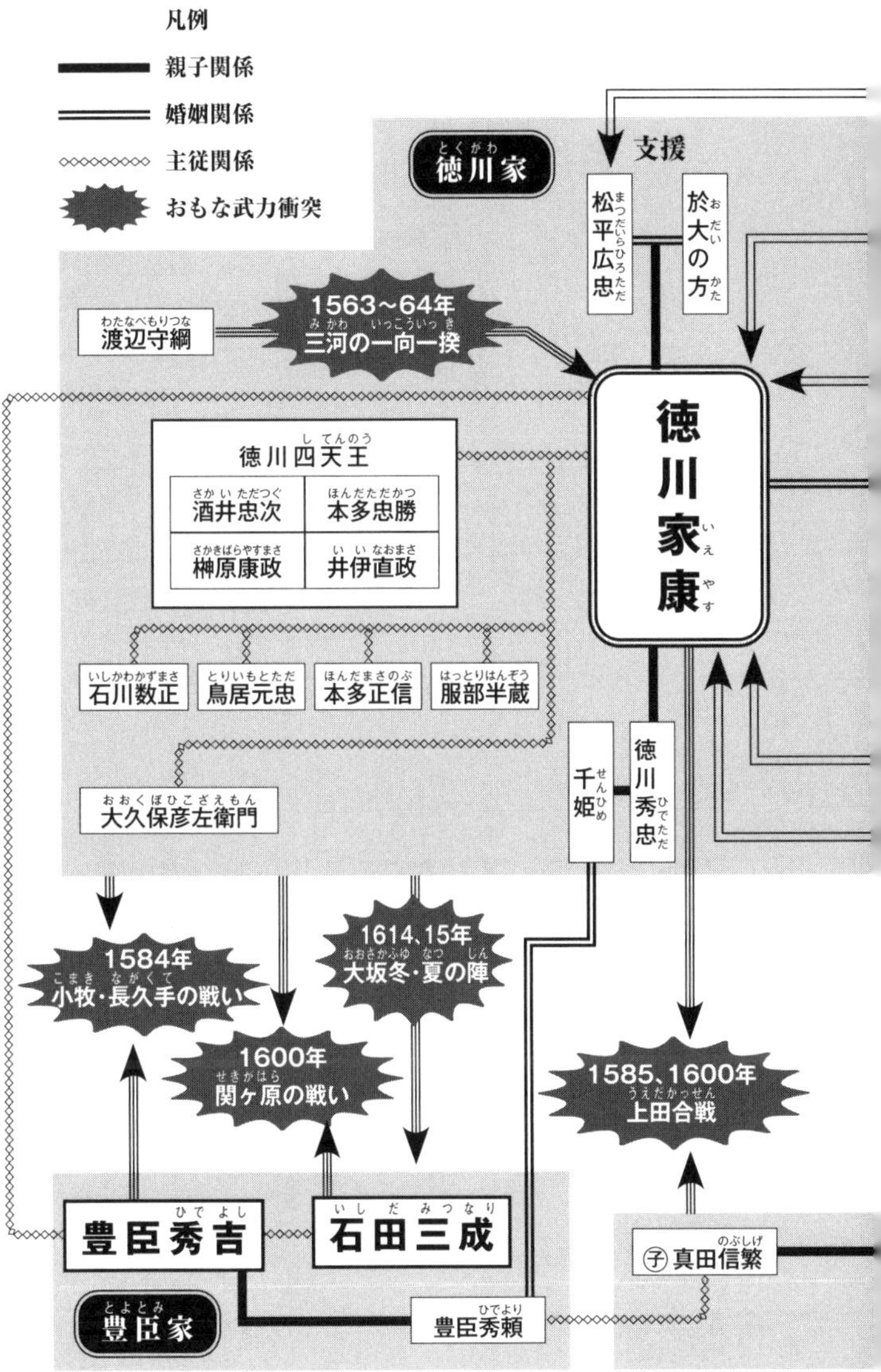
凡例
親子関係
婚姻関係
主従関係
おもな武力衝突
徳川《とくがわ》家
支援
松平広忠《まつだいらひろただ》
於《お》大《だい》の方《かた》
渡辺守綱《わたなべもりつな》
1563〜64年
三河《みかわ》の一向一揆《いっこういっき》
徳川家《いえ》康《やす》
徳川四天王《してんのう》
酒井忠次《さかいただつぐ》
本多忠勝《ほんだただかつ》
榊原康政《さかきばらやすまさ》
井伊直政《いいなおまさ》
石川数正《いしかわかずまさ》
鳥居元忠《とりいもとただ》
本多正信《ほんだまさのぶ》
服部半蔵《はっとりはんぞう》
大久保彦左衛門《おおくぼひこざえもん》
千姫《せんひめ》
徳川秀忠《ひでただ》
1584年
小牧《こまき》・長久手《ながくて》の戦い
1614、15年
大坂冬《おおさかふゆ》・夏《なつ》の陣《じん》
1600年
関ヶ原《せきがはら》の戦い
1585、1600年
上田合戦《うえだかっせん》
豊臣秀吉《ひでよし》
石田三成《いしだみつなり》
(子)真田信繁《のぶしげ》
豊臣秀頼《ひでより》
豊臣《とよとみ》家

本書について

・「徳川家康（32歳）」のように、登場人物の年齢を示している場合は、生まれた時が１歳とする数え年ではなく、生まれた時を０歳とする、現在と同じ満年齢で示している。ただし誕生月日は考慮せず、たとえば１５５０年生まれの人物を１６００年の出来事で記述するさいには50歳としている。

・**見どころ**は、『三河物語』の見どころをわかりやすく解説した部分で、作者である大久保彦左衛門忠教が、語り手として登場することがある。

・**まとめ**は、徳川家康と周辺の出来事を、著者・伊藤賀一が独自の視点で総括した部分である。

地中の章

徳川家の先祖

第一の宝――徳川家康《とくがわいえやす》と譜代衆《ふだいしゅう》との絆《きずな》

現在の愛知県南東部にあたる三河国《みかわのくに》。安城《あんじょう》や岡崎《おかざき》など西三河で力を振るった地方武士・**松平氏《まつだいら》**の9代目として岡崎城で生まれたのが、**徳川家康（幼名＝竹千代《たけちよ》）**です。

松平氏の初代・松平親氏《ちかうじ》は、室町時代初期の遊行僧《ゆぎょうそう》・徳阿弥《とくあみ》だったとされています。

しかし、家康が織田信長《おだのぶなが》の同盟者として共に国内統一を進めていく過程で、「松平氏の初代は徳川氏出身で、清和源氏《せいわげんじ》・新田氏《にった》の子孫」とする家系図が創作されました。武士のトップである天下人やその兄弟分でいるためには、名門一族の子孫であることが必要不可欠だったからです。

とはいえ、家康は「三河の松平氏」であることを、生涯大切にしました。

先に天下に号令したのは、悔しいことに信長の家臣（＝家康から見れば同盟者の子分）にすぎない豊臣秀吉《とよとみひでよし》でした。秀吉が関白《かんぱく》・太政大臣《だじょうだいじん》を歴任し得意絶頂の頃、臣従《しんじゅう》した家康に「貴殿の宝は何か？」と問うたことがあります。

家康はこう答えたそうです。

「私のように三河の片田舎に生まれた者は、珍しい書画や調度品は持ち合わせておりません。しかし私には、主君のためなら火の中・水の中に入ることもいとわない**譜代衆が500人ほどいます。これが私の第一の宝**です」

秀吉に対する、なかなかの皮肉です。「譜代」とは、同じ主君に代々仕えている一族のこと。「（京に少し近い尾張《おわり》出身とはいえ）農民から成り上がった秀吉どのとは違い、私は武士階級出身だ（だから、譜代の家臣が多い）」と、強調しているのです。

『三河物語』冒頭では、この松平氏の歴史が、歴代の当主ごとにつづられています。

彼らがどのように三河に定着し、家臣や領民との絆を深めていったのか。紙幅《しふく》に限りがあるので、象徴的とも言える初代・親氏のエピソードを、ここでは紹介します。

初代・親氏と譜代衆が示した「松平の絆」

真偽は別として、後世に作られた系図をさかのぼれば、松平氏の祖である徳川氏の本拠地は、現在の群馬県にあたる**上野国《こうずけのくに》の新田《にった》郡徳川郷**でした。南北朝の争乱では、敗れた南朝方の清和源氏《せいわげんじ》・新田義貞《にったよしさだ》に一族として従いました。

そのため、北朝方の清和源氏・足利尊氏《あしかがたかうじ》が初代将軍となった室町幕府に所領を奪われ、一族は散り散りの浮草《うきくさ》暮らしになってしまいます。

一族の惣領《そうりょう》・**親氏**は、踊念仏《おどりねんぶつ》を特色とする**時宗《じしゅう》の僧「徳阿弥」**となり、諸国を遊行《ゆぎょう》したそうです。最終的に、**三河で地方武士の婿《むこ》養子として家督を相続**し、西三河に勢力を拡大したとされています。

親氏は武力に優れているだけでなく、家臣や百姓・町人、貧民や被差別民に至るまで、分け隔《へだ》てなく情けをかけました。時には自ら農具・工具を持ち、土木工事に率先《そっせん》して取り掛かるなど、昼夜にわたり家臣・領民たちに慈悲を示し続けたのです。

そんなある日、親氏は、出自《しゅつじ》を明らかにし、譜代の家臣たちに大望《たいもう》を披露します。

「我が一族は、足利尊氏に所領を追われ、無念を噛みしめながら各地をさまよい歩いた。そして、ここ西三河にようやく落ち着いたが、元は新田氏の祖・義重《よししげ》の10代目の子孫。そのような立場である私は、この命を次の10代先の子孫に捧《ささ》げようと思っている。三河国で少しずつでも勢力を拡大して代々それを受け継いだなら、10代のうちに必ず、尊氏の子孫・足利氏が将軍に君臨する室町幕府を滅ぼし、天下を獲れるだろう。それが念願なのだ」

それを聞いた譜代衆は、揃《そろ》って親氏に協力することを誓います。「私どもは、互いに集まるたび、殿の貴重なお慈悲やお情けばかりを語り合い、感謝してまいりました。この御恩にどう報いればよいのでしょう。我ら一同、命を捨てることも厭《いと》わず、妻子や一族のことも顧《かえり》みず、ただ一心に忠勤を励み、奉公する覚悟でございます」と。

親氏は、不思議そうに聞きました。「お前たちにそのように言われると、恥じ入るばかりだ。私が、いつどのような慈悲や情をかけたというのだ。わからない……」。

すると、譜代衆は口を揃えてこう返しました。「まず、お慈悲のことですが、心当たりがございませんでしょうか？　あちらの数人の者をご覧ください。彼らは重罪を犯し、本来なら妻子ともども殺されてもおかしくない者たちです。それなのに、殿は一族をお許しになったのみならず、本人まで生かし、これまで通り召し使っていらっしゃいます。これほどのお慈悲がありましょうか。だからこそ、この御恩に対し、彼や妻の一族は、命を捨てて奉公しようと思い定めているのです。もちろん、我ら一同も意気に感じていよいよ奉公に精を出す覚悟です」。

譜代衆はさらに「それだけでなく、殿は皆が懸命に奉公することをお喜びになって、『寒くないか、暑くないか』と昼夜ご自身のことよりも気にかけてくださるし、『近くに寄り膝《ひざ》を崩し、くつろげよ』とまでおっしゃるお情けは、どれほどありがたく、我ら一同、過分なことだと思っているでしょう」と続けます。

これを聞いた親氏が涙をこらえ言葉も出せないでいると、譜代衆も皆、涙を流しつつ御前を退出した――ということです。

戦国乱世に巻き込まれていく松平氏

このような強固な主従関係を基礎に、松平氏は、時に御家《おいえ》騒動や外敵からの侵略に見舞われることもありましたが、着実に勢力を確立していきます。しかし時は乱世・戦国。その渦中に、松平氏も容赦《ようしゃ》なく飲み込まれていくのです。

家康の祖父に当たる7代・**清康**《きよやす》。背は低いが澄《す》んだ目をしている、評判のよい若い当主でした。10代の頃から武勇に優れていただけでなく、家臣団に対し、「主君となるも家臣となるも、それはただ前世の因果によるだけで、侍に上下などない。気遣いするな」などと言い、三河武士たちの心を鷲掴《わしづか》みにしました。

享禄《きょうろく》2（1529）年、18歳の清康は西三河で移転・新築した**岡崎城**を拠点に、東三河の吉田城《よしだじょう》牧野氏《まきのし》や田原城《たはらじょう》戸田氏《とだし》らを降伏させ、三河国全体をほぼ平定しました。

そして天文《てんぶん》4（1535）年、24歳で同い年だった尾張の新興大名・織田信秀《おだのぶひで》と戦うべく、信秀の弟が守る守山城《もりやまじょう》に攻め掛かりました。

ところが……陣中で馬が暴れる騒ぎが起き、「父親が殿に成敗された」との誤解が原因で、清康が家臣の阿部弥七郎《あべやしちろう》に背後から斬り殺されてしまったのです。この事件を「守山崩《くず》れ」と言います。阿部はその直後、同僚の上村新六郎《うえむらしんろくろう》に斬り捨てられます。若き英雄・清康の不運な死に、三河武士たちの動揺は激しいものでした。

上村はその場で追腹《おいばら》を切ろうとしますが、周囲に止められます。「自分たちは岡崎城に残された9歳の嫡男《ちゃくなん》・広忠《ひろただ》さまを、敵《かな》わぬまでも織田氏の侵攻から守り、その馬前にて切死《きりじに》にする覚悟だ（死ぬのは今ではないだろう）」というのです。これを聞いた上村は納得し、一同は守山から撤退します。城兵たちも、彼らの結束が固いのを見て、その時は追撃しませんでした。

8代・広忠――家康の父は、苦難の連続

清康が「守山崩れ」で不幸な死を遂げたとき、その子・広忠はまだ9歳でした。

『三河物語』の作者、大久保彦左衛門忠教《おおくぼひこざえもんただたか》が「30歳まで生きていれば、天下をたやすく治めただろう」と早世を嘆いたほどの主君・清康の死を知った織田信秀は、800の兵を二手に分け、岡崎に攻め込んできます。

これを迎え撃つ松平軍は、10分の1の800ほどの兵しかいませんでしたが、これを二手に分けて果敢に戦い、何と一方での伊田《いだ》合戦に勝利し、大樹寺《だいじゅじ》（安城松平氏から続く徳川家の菩提寺《ぼだいじ》）に敵を追い詰め、降伏させました。

そこではいきり立たず、「勝って兜《かぶと》の緒を締めよ」「窮鼠《きゅうそ》猫を噛《か》む」のことわざにならい、あえて敵を逃がし、広忠は岡崎城に引き上げました。

しかし4年後、広忠を本当の苦難が襲います。急速に勢力を増していた大叔父（祖父で5代・長親《ながちか》の弟）・松平内膳《ないぜん》〔信定《のぶさだ》〕に、岡崎から追い出されてしまうのです。信定は、甥に当たる清康も軽んじていました。長親が、すでに亡くなっていた出来の悪い長男の6代・信忠《のぶただ》よりも、次男の信定を偏愛していたことも、大きな理由でした。

13歳の広忠は、伊勢国《いせのくに》（三重県北部）にまで落ち延びていきます。この時、従ったのは阿部定吉《さだよし》（清康を殺害した弥七郎の父）らのみで10人もいませんでした。

しかし、この定吉が、駿河《するが》・遠江《とおとうみ》から東三河に勢力を伸ばしてきた今川義元《いまがわよしもと》を頼り、はるばる駿府《すんぷ》に赴くのです。義元は定吉の願いを聞き入れ、広忠に援軍を出し、三河国の茂呂城《もろじょう》を預けました。

その頃、岡崎城下でも大久保新八郎忠俊《しんぱちろうただとし》・甚四郎忠員《じんしろうただかず》・弥三郎忠久《やさぶろうただひさ》（『三河物語』の作者である彦左衛門忠教の伯父・父・叔父）を中心とする譜代衆が、広忠の岡崎帰還を画策《かくさく》していました。

そして、茂呂城を攻める信定を出し抜き、見事に岡崎城を奪還し、広忠の帰還を果たしたのです。そこにはもう、信定は攻めてきませんでした。

後日、信定は広忠に詫びを入れて忠誠を誓います（そのうち病死しますが）。これで広忠を松平宗家《そうけ》の当主として、家臣たちのまとまりが復活し、三河武士たちはまた奉公に励むようになったのです。

広忠は、歴代の当主に似て、慈悲・情けの深い人物だったので、譜代衆や百姓町人からの人気を集めました。

しかし、家中はまた乱れます。広忠の叔父の松平蔵人《くろうど》〔信孝《のぶたか》〕が勢力を増しすぎて、不遜《ふそん》な態度をとるようになっていたのです。大叔父の信定の件で懲《こ》りていた広忠は、信孝を駿府への使者として派遣する形で、岡崎から締め出してしまいました。

そんな中、ついに本編の主人公が誕生します。

家康誕生

徳川家康（幼名＝竹千代、のち**松平元信《もとのぶ》・元康《もとやす》**）は、天文11（1542）年、寅《とら》の年の寅の月の寅の日の寅の刻（午前3〜5時ごろ）という「寅の子」状態で、三河国岡崎城に生まれました。

年齢的には、尾張の**織田信長**（幼名＝吉法師《きっぽうし》）より8歳下、**豊臣秀吉**（幼名＝日吉《ひよし》丸《まる》）より5歳下になります。彼ら「戦国三傑《さんけつ》」はみな、現在でいえば愛知県民でした。

竹千代が生まれた時、父の**広忠**はまだ16歳、母の**於大《おだい》の方**は14歳でした。尾張国と隣接するギリギリ西三河の刈谷《かりや》城主《じょうしゅ》水野《みずの》氏（もとは尾張国緒川《おがわ》城主）から政略結婚で嫁《とつ》いだ於大の方が、子授け祈願のために鳳来寺《ほうらいじ》（現在の愛知県新城《しんしろ》市）に参拝し、本尊の薬師如来に祈りを捧げたところ、「寅の子」が誕生したのです。このことから、竹千代は将来、虎のように強い武士になり、天下人になるに違いない、と噂されました。

この後、皆さんもご存じのように、竹千代（のち元信→元康→徳川家康）には、幾多の困難が訪れます。しかし、それを乗り越えて天下人となり、２６５年続く江戸幕府を開くのです。

家康の戦略・決断力・強運は確かに凄《すご》かったのですが、それを支えていたのが、**三河武士を中心とする最強の「徳川家臣団」**でした。特に武力・知力に長《た》け、誰よりも忠誠心が強い「譜代衆」の果たした役割は計り知れません。

そんな彼らの歴史を、『三河物語』をベースに、見ていきたいと思います。

地上の章

若き日の苦難と不屈

1 船出 ―― 織田《おだ》 VS. 今川《いまがわ》の争いに翻弄される

天文《てんぶん》16（1547）年【5歳】 織田家の人質となる

西三河《にしみかわ》・岡崎《おかざき》の領主《りょうしゅ》である**松平広忠**《まつだいらひろただ》は、東隣の今川氏を頼りにしていました。18歳の時、正室の於大《おだい》の方を離縁し、西三河・刈谷《かりや》の領主である実家の水野《みずの》家に帰したのは、義兄にあたる水野信元《のぶもと》が織田氏についたからです。

嫡男《ちゃくなん》の**竹千代**《たけちよ》は、わずか2歳で実母と生き別れに……。

「**人の一生は重荷を負うて遠き道を行くが如し**」と遺訓をのこした家康《いえやす》の苦難は、ここに始まります。本人に責任はありませんので、まさに昨今の流行語「親ガチャ」状態。しかしこの後、5歳で人質に出され、7歳で実父と生き別れるというさらなる苦難が竹千代を襲うのです。

見どころ

駿河《するが》へ赴く最中に起きた「人質強奪」

三河国《みかわのくに》（愛知県東部）の混乱を見た**織田信秀《のぶひで》**は、北西から一気に岡崎に攻め込みます。孤立無援となった広忠は、駿府《すんぷ》に使いを送り、駿河（静岡県東部）の**今川義元《いまがわよしもと》**に加勢を要請しました。義元は「加勢はたやすいこと。だが、その代わりに人質を寄越せ」と伝えます。水野のように、松平《まつだいら》が織田方につくのを恐れたのでしょう。

広忠はこれに応じ、嫡男を今川の人質として駿府へ差し向けることにしたのです。竹千代は、この時まだ5歳でした。

ところが駿府に赴く途中、とんでもない事件が起こります。

中継地点の田原《たはら》の領主・戸田康光《とだやすみつ》が、あろうことか金銭で竹千代を織田信秀に売り飛ばしたのです。康光は、広忠の後妻・真喜姫《まきひめ》の父、つまり舅《しゅうと》、竹千代にとっては義理の祖父にあたるのに、です。金額は「永楽通宝千貫文《えいらくつうほうせんかんもん》」、現在のお金で約1億円とされています（これは誇張で実際は5貫文＝約50万円？）。

随行した家臣の金田正房《かねだまさふさ》が奪還しようとするもかなわず、切腹、もしくは討ち取られたといわれます。竹千代は船で尾張国《おわりのくに》の熱田《あつた》神宮に送られ、大宮司《だいぐうじ》の家に預けられることとなり、翌年まで抑留《よくりゅう》されました。

このことを知った広忠は、「竹千代は織田方に差し出した人質ではない。どうとでも好きにせよ」と、織田信秀からの同盟（実質的な降伏）の申し出を拒否します。信秀も信秀で、竹千代を雑に扱うことはできないまま、時は過ぎました。

今川軍、西へ。岡崎で起こった「事件」とは？

この事態に義元は、広忠を助けることを決断します。竹千代を人質に取られても織田と組むことなく、今川への義理を果たそうとする姿勢に報いるためでした。

そして、駿府の臨済寺《りんざいじ》の住職で、今川家の執政《しっせい》・軍師《ぐんし》役の太原雪斎《たいげんせっさい》に命じ、駿河・遠江《とおとうみ》（静岡県西部）・東三河の兵を集め、松平に加勢することを決めたのです。

駿府を出発した雪斎は、５日ほどかけて岡崎の近くに到達します。「今川の援軍、来たる」——岡崎は、この報に大いに沸きました。

ところがこの時、追放されていた広忠の叔父・松平蔵人《くろうど》〔信孝《のぶたか》〕が岡崎に現れ、広忠の家臣たちと小競り合いの末、討死するという事件が起こります。

信孝の首は、岡崎城に届けられました。広忠は、報告を受けると涙を流し、「どうして生け捕りにしなかった？　叔父上は私に背いたことはない。今回、敵となったのも事情あってのことで、少しも恨んではいなかった。勢力を拡大しすぎた叔父上が将来裏切ることを疑い、私から追い出したのだ。謝罪を受けても私が聞き届けなかったので叔父上が怒り、心ならずも敵同士となってしまった。私から無理に敵にしたのだ。伯父の内膳《ないぜん》〔信定《のぶさだ》〕が敵になったのとは大違いだ……」と訴えます。周りの者たちも、確かにその通りだと、鎧《よろい》の袖を涙で濡らすのでした。

そもそも同じ松平同士でこんなことをしている場合ではないのですが……。

三河は織田・今川の「草刈り場」に

広忠の依頼どおり援軍を送ってきた今川義元は、織田信秀と同様、一筋縄ではいかない百戦錬磨の大名でした。この後、東の今川軍、西の織田軍が「小豆坂《あずきざか》の戦い」で激突し、織田方が一応撤退しますが、何のことはない、**三河国は東西から両家の草刈り場のようになってしまうのです……。**

さらなる不幸が竹千代を襲う ―7歳で父を亡くす―

大混乱の松平氏は2年後、さらに窮地に陥《おちい》ります。なんと**広忠が、23歳で家臣に裏切られ殺害される**のです（『三河物語』では主家に不名誉な記録を残さないよう「病死」となっています）。この状況に義元は、一気に三河に進攻、岡崎城を乗っ取ります。この先、松平の家臣団が裏切り、竹千代を人質にしている織田方に寝返ることを防ぐためでした。岡崎城は、駿府より遣《つか》わされた今川家の武将が接収しました。

当時7歳であった竹千代は、今川方が捕らえた織田信秀の息子と、人質交換の話が決まっていました。当時の習わしとはいえ、まるでヒトではなくモノ扱いです。

それだけでなく、この少年は、母と生き別れ、父を失い、帰る場所すら失っていたのです。頼れるのは、もはや譜代衆《ふだいしゅう》＝三河武士《みかわぶし》たちだけでした。

まとめ

最終的な天下人・徳川家康の土台は人質時代につくられた

しかし、ここからが竹千代と三河家臣団の真骨頂《しんこっちょう》。**この後に続く屈辱的な日々の暮らしの中で、幼い身ながら苦しい立場を必死に耐え抜く**のです。

これが後に、同盟相手の織田信長《のぶなが》からの理不尽な要求に表面的には平然と応《こた》え、もとは格下であったはずの豊臣秀吉《とよとみひでよし》の無礼な態度を何とかこらえ（＝アンガーマネジメントを完璧に行い）、徳川家康が最終的に天下を獲る、という最高の結果につながるのです。「若いうちの苦労は買ってでもせよ」という、令和の世では「老害認定」確定の言葉も、家康ほどの結果があるなら、受け入れられるかもしれません。

2 人質交換——織田《おだ》から今川《いまがわ》へ……

天文《てんぶん》18（1549）年【7歳】今川家の人質となる

今川と織田による三河国《みかわのくに》を挟んだ緊迫は、なお続いています。

「小豆坂《あずきざか》の戦い」の翌年、天文18（1549）年。今川義元《よしもと》の側近・太原雪斎《たいげんせっさい》率いる駿河《するが》・遠江《とおとうみ》・東三河《ひがしみかわ》の軍勢を集めた今川軍は、三河西部の安城《あんじょう》（愛知県安城市）に侵攻します。このとき安城城《あんじょうじょう》を守っていたのは、信秀《のぶひで》の子・織田信広《のぶひろ》でした。母の身分は低いのですが、信長の兄にあたる人物です。

織田軍は今川軍の猛攻に屈し、信広は人質に取られてしまいます。雪斎は信秀に使いを送ると、いまだ人質として尾張にいる竹千代と信広の「人質交換」を要求しました。応じなければ、信広には腹を切らせるといいます。交渉というよりは恫喝《どうかつ》です。

織田の家臣・平手政秀《ひらてまさひで》と林秀貞《はやしひでさだ》はこれに応じ、人質の交換が成立します。このとき、竹千代は7歳。この後、11年間にわたる駿府《すんぷ》での人質生活が始まるのでした。

見どころ　30年越しの「仕返し」

駿府における竹千代の人質生活は、それはもう言葉に言い尽くせないほどの苦労がありました。

竹千代が鷹狩をしていると、鷹が誤って、今川家の家臣の屋敷に入ってしまうことがたびたびありました。**家康は、当時から鷹狩りが大好きでした。**

孕石元泰《はらみいしもとやす》というこの家臣は、竹千代が鷹を捕まえるために裏庭の林に入るのが煩《わずら》わしくて仕方なかったようで、「三河の小せがれには、もううんざりだ」と、嫌味を言い募っていたのです。

家康は、この屈辱を長らく忘れませんでした。

時は流れ、天正《てんしょう》9（1581）年。駿河での人質生活開始から32年が過ぎていました。

立派な大名に成長した家康は、甲斐国《かいのくに》（山梨県）の武田勝頼《たけだかつより》との戦いの最中にありました。

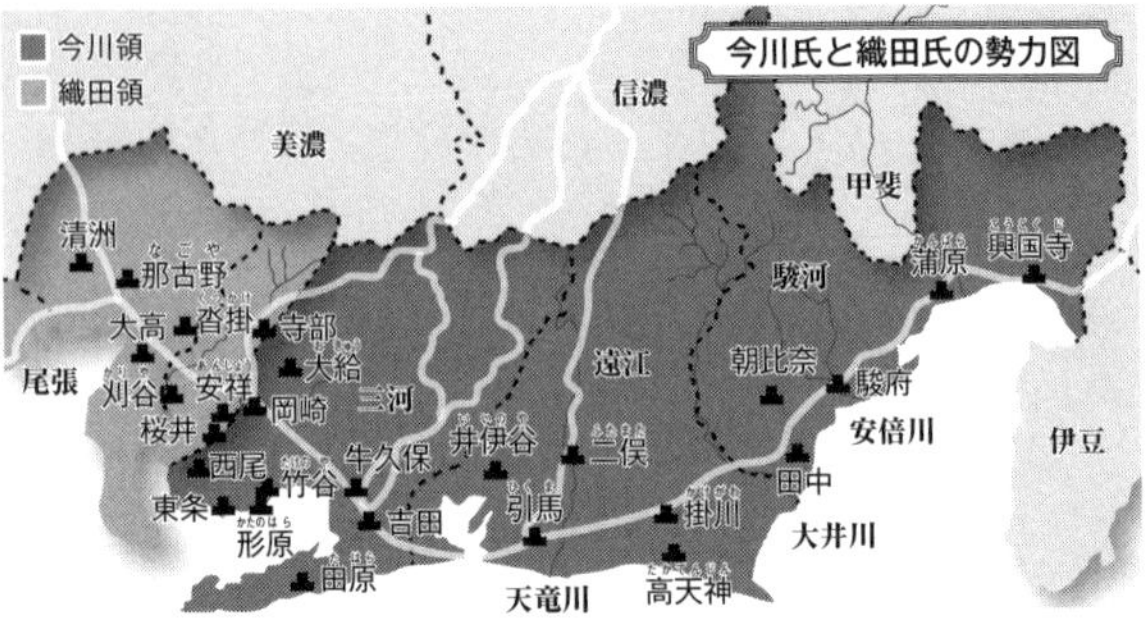

勝頼の治める遠江の高天神城《たかてんじんじょう》を攻撃した際、城に籠《こも》っていたのが、当時武田の家臣となっていた、あの孕石元泰です。元泰が生け捕られたという報告が、家康の耳に入ると、家康は、幼き日に言い募られた嫌味をよく覚えていて、吐き捨てるように切腹を命じました。

しかし元泰の態度もなかなか立派なもの。家康に媚《こ》びを売ることも、命乞いをすることもなく、過去の言動を認め、惜しくもないと潔《いさぎよ》く腹を切ったのです。

一方、人質時代に親切に接してくれた大河内政局《おおこうちまさちか》も、このとき高天神城にいました。政局のことも、家康はよく覚えていて、城内から救い出しただけでなく、褒美を与え、国許《くにもと》に送り返したのです。**のちに政局は家康に仕え、小牧《こまき》・長久手《ながくて》の戦いで戦死します。見事、恩に報い**

たのです。

元泰と、政局。人質時代の家康に対して、真逆の態度をとった二人の運命は、約30年後、高天神城で明暗を分けました。

最後まで戦ったものの、名誉ある扱いを受けることなく腹を切らされた元泰は、慈悲の心を持ち、竹千代に親切に接するべきだったのです。

三河譜代衆《ふだいしゅう》の苦労

12年にわたる駿府での暮らしで苦労を強《し》いられたのは、竹千代だけではありません。竹千代に仕える譜代衆の苦労も、並大抵ではなかったのです。

ぎりぎりの食い扶持《ぶち》は今川家から受けていましたが、母国・三河からの仕送りは、残らず没収されていました。

譜代衆の窮状を見かねた竹千代は、「せめて岡崎の一部を与えてくれませんか。このままでは、家臣たちが飢え死にしてしまいます」と義元に訴えたこともありますが、聞き入れられません。譜代衆は、百姓同然に農具を手に取り田を耕し、年貢を納め、自らと家族を養ったのです。

粗末な服装で、今川の家臣には媚《こ》びへつらって機嫌を取り、身を縮めるようにして歩いたのも、すべては竹千代のためでした。自分たちが今川の家臣と揉《も》め事を起こせば、主君の立場が危うくなる――その一心で戦《いくさ》にも十年以上駆け回りました。

義元は相変わらず、尾張《おわり》の織田信秀に毎年幾度も戦を仕掛けましたが、その度に「竹千代の家来に先陣を切らせよ」と命じていました。**先陣とは、戦で真っ先に敵に突入する役割。当然、死ぬ確率も高くなります。**

幼い竹千代が出陣するわけにもいかず、誰を大将にするかというのは、悩ましいところでした。それでも、竹千代への奉公になるからと、譜代衆は、誰もが先陣を切り、親や子、一族は端《はし》から戦死し、あるいは傷を負ったのです。

それでも竹千代は、岡崎に帰ることはできない――譜代衆は全身で、悲嘆に暮れるほかありませんでした。

一方、義元はまるで、竹千代を支える三河からの譜代衆たちが戦死してくれるならば、竹千代が岡崎に帰ろうがどうしようが好きにすればいい（**もはや戦力にならないので**）、とでも言わんばかりに、合戦を起こしては三河武士たちに先陣を切らせていました。

まとめ

駿府時代の竹千代

駿府時代の竹千代の暮らしについて、詳しいことはあまりわかっていません。そもそも、住まいがどこにあったのかさえも、特定されていないのです。

今川家は、桶狭間《おけはざま》の戦いで義元が討たれた8年後の永禄《えいろく》11（1568）年、武田信玄《たけだしんげん》によって攻め滅ぼされました。信玄が治めている間は、城下町の復興に力が注がれることはなく、そのため、現存する古絵図や古地図は、あまり多くないのです。そのことが、駿府時代の家康を、謎めいたものにさせています。

のちに家康が駿府を治めるようになると、新しく造られた駿府城《すんぷじょう》の敷地内に、以前の駿府城下が飲み込まれる恰好《かっこう》となったため、義元時代を知る手掛かりは、さらに少なくなっていきます。

竹千代が駿府で過ごしたのは、7歳から18歳の間です。のちに「徳川四天王」に数えられる重臣・**酒井忠次**《さかいただつぐ》や、年長の**石川数正**《いしかわかずまさ》、年が近い天野康景《あまのやすかげ》や**鳥居元忠**《とりいもとただ》、同い年の平岩親吉《ひらいわちかよし》らも同行しています。

駿府に来た当初、竹千代は病弱でした。そのため、以前から今川家に世話になっていた祖母（**於大**《おだい》**の母・源応尼**《げんおうに》**〈華陽院**《けよういん》**〉**）が義元に頼み込んで付き添い、元服するまでの6年間、さらに結婚するまでの2年間の計8年ほど面倒を見ていたようです。

竹千代は勉学のため、智源院《ちげんいん》の和尚《おしょう》に手習いを学んだほか、織田信広との人質交換を画策《かくさく》した今川家の執政《しっせい》・**太原雪斎**《たいげんせっさい》（1496〜1555年）からも、薫陶《くんとう》を受けたといいます。雪斎を招くために義元の父・氏親《うじちか》が建立《こんりゅう》した臨済寺《りんざいじ》には、「竹千代手習いの間」が遺《のこ》されています。もっとも、武田軍の攻撃で臨済寺は焼失しているため、現存するのは江戸時代に復元されたものですが……。まあ、観光地あるあるです。

雪斎は、過去に義元の教育係を務めていたこともある側近中の側近、執政《しっせい》（領主を助け政治を行う人）です。そんな超大物から、住み込み同然で直々に学ぶ機会を得られるなど、本来の人質ではあり得ないことです。

竹千代はただの人質というよりも、将来、今川家を盛り立てていく頼もしい隣国の指導者＝同盟相手として、リーダーの心得を学ぶために駿府に預けられた、という側面もあったと言われています。

人質という、いつ殺されてもおかしくない立場の竹千代の駿府での暮らしは、もちろんさまざまな制約に縛られ、窮屈なものではあったでしょう。

しかし、『三河物語』で強調されるような苦難ばかりではなかったことが窺《うかが》われます。**若き松平家の当主としてそれなりに大切にされ、高度な教育を受けていた**わけですから。

特に武芸一筋の大名・武将が多い中、のちに家康が「知恵者」という評判を得て信頼されたのは、駿府で受けた雪斎の教育あればこそ、だったのかもしれません。

最後に一つ、有名なエピソードを紹介しましょう。10歳の頃、家臣たちに連れられた竹千代は、安倍川《あべかわ》の河原で子供たちの石合戦を見物しました。家臣たちは人数が多い組の勝利を予想しますが、竹千代は「人数が多いからと油断している相手に対し、覚悟を決めて一致団結している少ない組が勝つ」と断言しました。結果は竹千代の言う通りだったので、家臣たちは竹千代の洞察力に恐れ入るとともに「さすがあの清康《きよやす》さまのお孫でいらっしゃる、将来は相当な大将になられるぞ」と喜び合いました。

その予想もまた、大当たりでしたね。

3 元服《げんぷく》――その名にも、「義元《よしもと》」の陰が

弘治《こうじ》元（1555）年【13歳】 元服し、「元康《もとやす》」を名乗る

今川《いまがわ》・織田《おだ》の微妙な関係が依然として続く中、少年・竹千代《たけちよ》は駿府《すんぷ》で成長を続けます。当時の男の子は、10代のうちに元服という儀式を行い、名前も服装も改め、一人前の大人として扱われるようになりました。そして、元服にはもう一つの側面があります。武士の家柄では、元服の際、武士の正装である烏帽子《えぼし》をかぶせる人物を「烏帽子親《おや》」といい、元服する子やその一族に対し強い影響力を持つ者がその役割を担います。つまり元服は、パワーバランスを確認する場でもあったのです。また、烏帽子親が元服する子に、自分の名前の一文字を与えることもありました。人質生活の続く竹千代にも、元服の年齢が近づいています。彼が、烏帽子親から授かった名前とは……。

見どころ

水野信近《みずののぶちか》の死

三河国刈谷《みかわのくにかりや》城主に、水野信近という人物がいます。竹千代の母方の伯父にあたりますが、尾張《おわり》の織田家に味方していました。この御仁《ごじん》、実に嫉妬《しっと》深い性格で、城内に頼りになるような者をおかず、年寄りや元服前の小姓《こしょう》のような、あまり役に立たない者40人～50人がいるばかりでした。さらに熊村という村に、妾《めかけ》を囲っています。

そんな信近が刈谷城から熊村に向かうところを、今川義元《よしもと》が送った伊賀者《いがもの》が襲いました。信近はじめお付きの者まで皆殺しにした伊賀者たちは、やすやすと刈谷城を奪うと、今川の援軍が来るのを待ちます。

この時、岡崎の松平《まつだいら》家の者たちが援軍に駆けつければ、今川家が刈谷城を確保するのは容易だったでしょう。ところが水野信近や、その兄で尾張緒川《おがわ》城主の水野信元《のぶもと》も、竹千代の伯父にあたります。そのあたりのことを考慮して、今川家はあえて岡崎には知らせず、東三河方面の者を援軍に向かわせました。このため到着に時間がかかり、その間に城が奪われたことを知った水野配下の刈谷衆が攻め寄せて、城を守る伊賀者たち80人ほどを討ち取り、城を奪還したのです。今川方は拠点を失い、さらに緒川城から織田方の水野信元も駆けつけたので、散り散りになって駿府へと退却しました。

以上は『三河物語』が記す内容ですが、史実では水野信近が討たれたのは、後年の永禄《えいろく》3（1560）年、桶狭間《おけはざま》の戦い直後のことです。桶狭間から退却途中の今川家の武将岡部元信《おかべもとのぶ》が刈谷城を攻め、信近を討ち取りました。しかし援軍を得られなかった岡部は、刈谷城を確保できず、駿府に引き上げています。作者は、今川家と岡崎の松平家との微妙な関係を伝えるために、こうした逸話を記したのかもしれません。

同じ頃、尾張に激震が走りました。織田信秀《のぶひで》が世を去ったのです。跡を継いだのは、嫡男《ちゃくなん》の信長《のぶなが》でした。一方、竹千代は元服し、烏帽子親である義元から一字を授かって「次郎三郎元信《じろうさぶろうもとのぶ》」（のちに元康《もとやす》）と名乗ります。

まとめ 竹千代の元服と結婚

この弘治元（1555）年、13歳の竹千代は元服し、名を松平元信《もとのぶ》と改めます。この名は、今川義元から一字を頂いたものでした。

さらに弘治3（1557）年、15歳の元信に結婚話が持ち上がります。お相手は義元の姪（有力家臣・関口親永《せきぐちちかなが》に嫁いだ妹の娘）の瀬名《せな》で、同い年だったとも2歳上だったとも、一回りほど上だったとも言われています。

正室《せいしつ》となった瀬名（のちの築山殿《つきやまどの》）は、義元の養女でもあることから「今川のお姫様」。しかもとても美しく気が強かったそうです。かたや松平元康《もとやす》（結婚を機にさらに改名）は西三河の大名とはいえ、「今川の人質」です。戦国時代には普通だった政略結婚ですが、瀬名はこの結婚に不満だったでしょう。

とはいえ、結婚の2年後には長男の信康《のぶやす》が、その翌年には長女の亀姫《かめひめ》が生まれているので、夫婦間のことは正直、よくわかりません。とにかく元康は、18歳にして男女

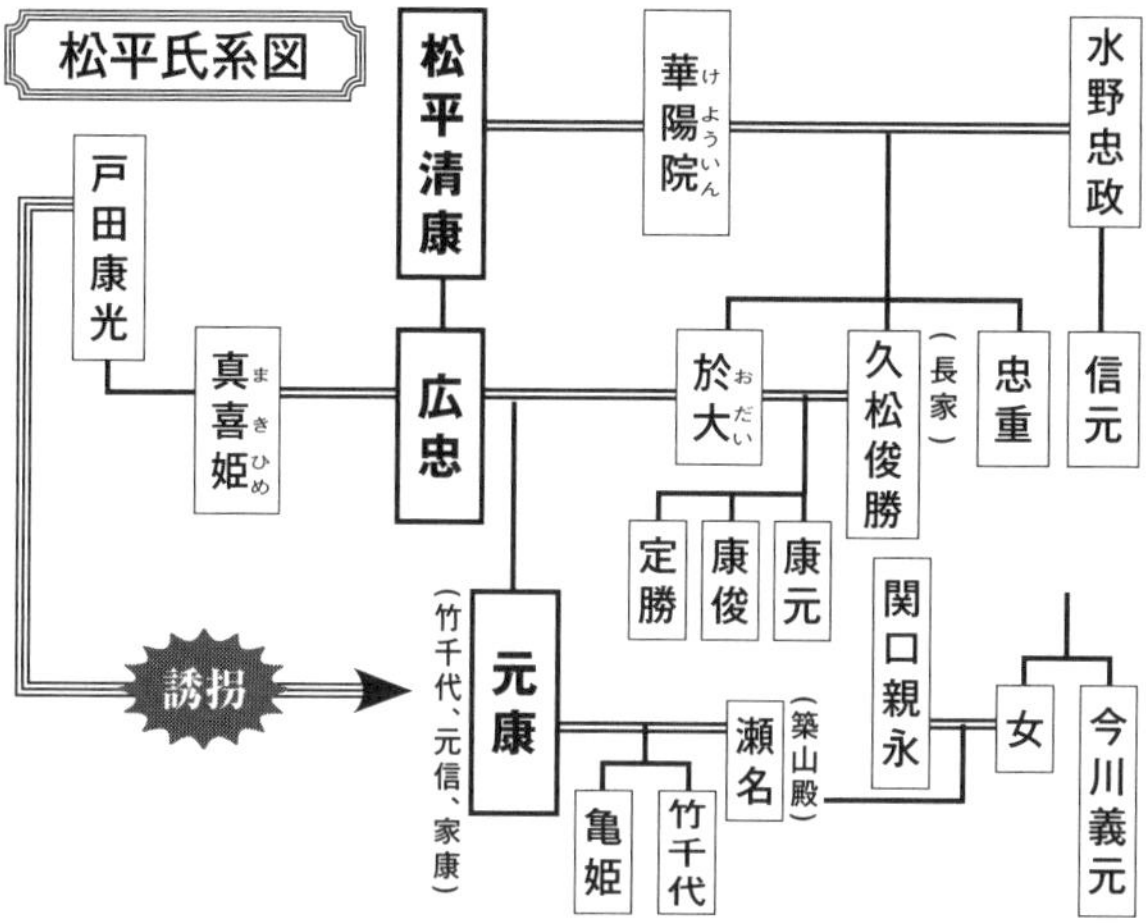
松平氏系図
松平清康
華陽院《けよういん》
水野忠政
戸田康光
真喜姫《まきひめ》
広忠
於大《おだい》
久松俊勝
（長家）
忠重
信元
定勝
康俊
康元
関口親永
女
今川義元
誘拐
元康
（竹千代、元信、家康）
瀬名
（築山殿）
亀姫
竹千代

二人の子持ちとなったのです。嫡男ができたことは、譜代衆《ふだいしゅう》・三河武士《みかわぶし》たちにとっても喜ばしいことでした。

最後に、これも有名なエピソードを一つ紹介します。

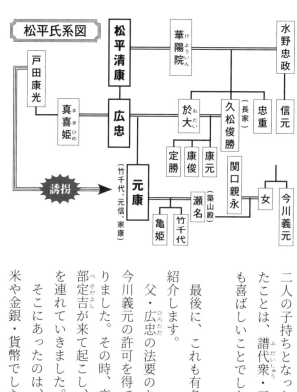

父・広忠《ひろただ》の法要のため、結婚前の元信が今川義元の許可を得て岡崎城《おかざきじょう》に一時的に戻りました。その時、夜中の寝所に重臣の阿《あ》部《べ》定吉《さだよし》が来て起こし、密かに城の蔵に元信を連れていきました。

そこにあったのは、何と大量に積まれた米や金銀・貨幣でした。岡崎の城や町は今川の管理下に置かれ、年貢は今川に多く分配されています。阿部定吉・鳥居忠吉《とりいただよし》らを筆頭に岡崎に残った三河武士たちは、自ら百姓仕事をしてどうにか生きている状態だったはず……。

そのような厳しい生活の中、**今川の人質となっている若き主君の帰還を待ちわび、三河武士たちは密かに倹約・蓄財に励んでいた**のです。元信は忠誠心あふれる譜代衆のためにも、立派な武将にならねば、と決意を新たに、駿府に戻ったそうです。

4 転機——運命の決戦の地へ

永禄《えいろく》3（1560）年【18歳】 桶狭間《おけはざま》の戦い

「明朝、大高城《おおだかじょう》に近い丸根砦《まるねとりで》を落とす。松平元康《まつだいらもとやす》（18歳）が攻めよ」。今川義元《いまがわよしもと》（41歳）の命が下ります。いよいよ「海道一《かいどういち》の弓取り」と呼ばれる義元の、尾張国《おわりのくに》（愛知県北西部）侵攻の始まりでした。2年前、織田《おだ》方に寝返った鈴木重辰《すずきしげとき》の寺部城《てらべじょう》を攻略し、初陣を飾った元康ですが、今回はまず義元より、今川方の最前線である尾張の大高城に兵糧《ひょうろう》を入れるよう命じられます。周囲には織田方の砦が複数あり、困難な任務でしたが、元康ら松平勢はこのミッションを見事にやり遂げました。休む間もなく続けて命じられたのが、丸根砦《とりで》攻めだったのです。しかし、このために松平勢は桶狭間《おけはざま》に不在となり、織田信長《のぶなが》（26歳）が仕掛けた奇襲が、元康の運命をも変えました。

見どころ

前哨戦《ぜんしょうせん》！　大高城《おおだかじょう》の兵糧入《ひょうろうい》れ

18歳になった松平元康は、8年前に**織田信秀《のぶひで》から信長へ代替わりしていた尾張への侵攻をはかる今川義元**の命で、今川方の前線基地となっていた尾張国・大高城（名古屋市緑区）への兵糧入れを命じられます。そのためには織田方の鷲津砦《わしづとりで》と丸根砦の間を素早く突破しなければなりません……。

城に近づいた時、近辺に織田方の兵たちが見えたので、元康は物見を出しました。家臣たちが戻り、「今日、兵糧入れを行うのはいかがなものでしょうか……、敵はなかなか優勢です」と伝えます。

ところが杉浦勝吉《すぎうらかつよし》という家臣は、元康の前に出て「今すぐ行うべきです」と進言しました。他の者たちは「何を言うか。敵は戦意に満ちている上、優勢なんだぞ！」と大反対。これに杉浦は反論します。

「いや、それは違う。我らの旗を見て山の敵が降りてきたなら確かに優勢だが、我らの旗を見て下にいた敵が山に登ったのだから戦意はないだろう。それに、兵の数だけ揃《そろ》えたところで、本当の武者はこちらが多いではないか。殿、今こそ絶好の機会。早く兵糧をお入れください」と訴えました。

両者の言い分を聞いていた元康は、杉浦の意見を採用し、「者ども、すぐに兵糧入れに取り掛かれ！」と命じました。

杉浦が言った通り敵は攻めてこず、困難なはずの兵糧入れは易々《やすやす》と成功しました。

この「**大高城の兵糧入れ**」は、幼少時から人質暮らしが長かった元康が、自らの判断で行った初仕事でした。

元康にとって、松平の当主ここにあり、とその名を轟《とどろ》かせた最初の大手柄です。

その時の譜代衆《ふだいしゅう》の喜びようは相当なもので、「人質として苦しい中でお育ちになり、武将としての軍略はどうか……、と朝夕心配しておりましたが、祖父・清康《きよやす》さまの威勢にそっくりになられた」と、皆が涙を流して喜んだのです。

大番狂わせ！　桶狭間の戦いで今川義元が織田信長に敗れる

いよいよ今川義元が、織田信長の支配する尾張侵攻のために出陣する時、松平元康も先鋒《せんぽう》としてお供することになりました。

義元は、駿河《するが》・遠江《とおとうみ》・三河《みかわ》3カ国の兵を集めて大軍で駿府《すんぷ》を出発、遠江を経て三河から尾張へと迫りました。

これ以前に義元は、尾張国の沓掛城《くつかけじょう》・鳴海城《なるみじょう》・大高城《おおたか》を押さえ前線基地としています。これに対し信長は、近くにいくつも砦《とりで》をつくり、家臣たちに守らせていました。

永禄3（1560）年5月18日、義元は軍を順々に進め、沓掛城へ入りました。諸将を呼び、少し長い軍議の末、「明朝、大高城近くの丸根砦を攻め取ろう。松平元康が攻めよ」と命じます。元康は、気のはやる性格でしたから、すぐに攻め寄せて陥落させました。同様に、鳴海城近くの鷲津砦《わしづ》は、朝比奈泰朝《あさひなやすとも》が陥落させました。**家康はそれまでの鵜殿長照《うどのながてる》に代わり大高城の番を命ぜられ、守りを固めました。**

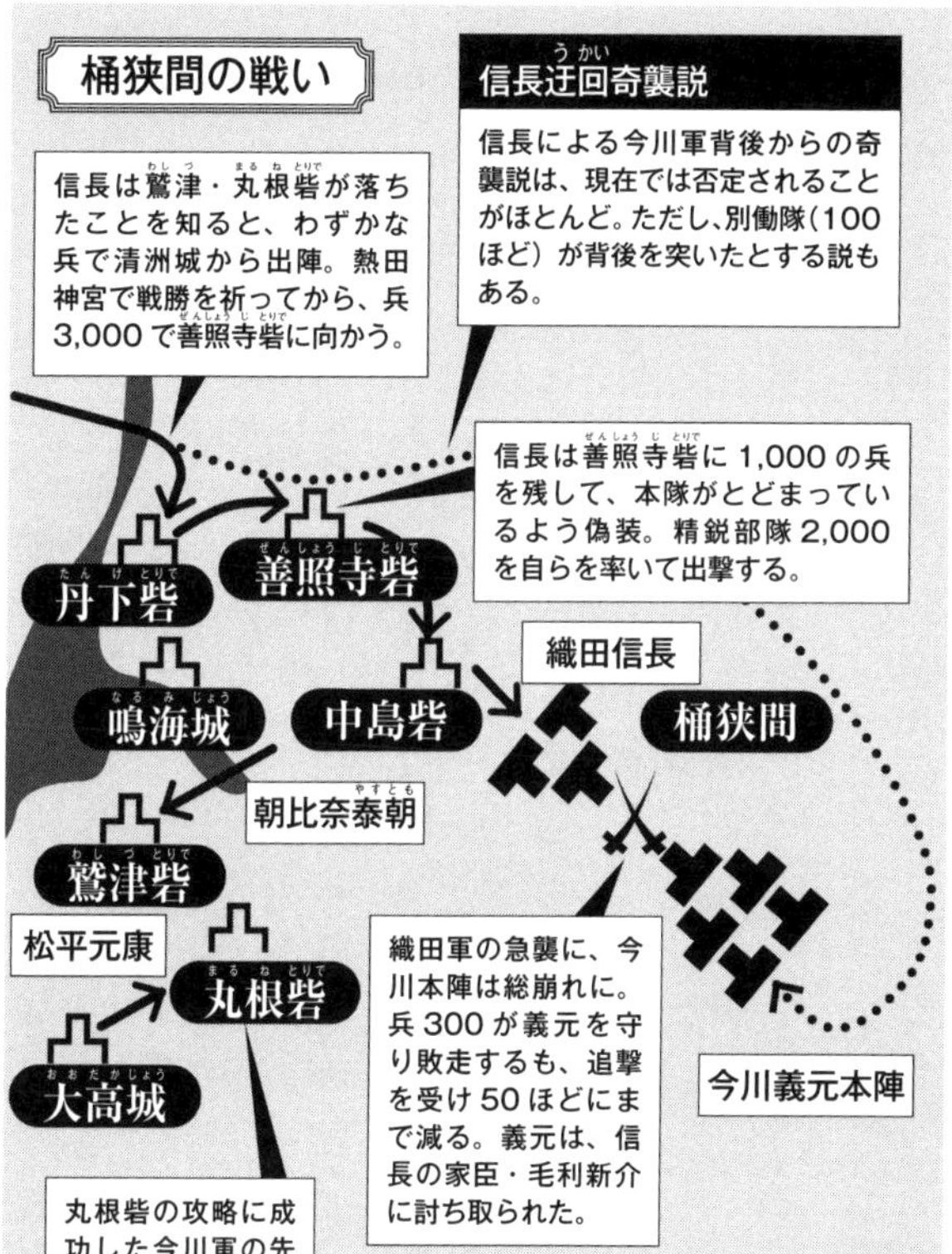

桶狭間の戦い
信長迂回《うかい》奇襲説
信長による今川軍背後からの奇襲説は、現在では否定されることがほとんど。ただし、別働隊（100ほど）が背後を突いたとする説もある。
信長は鷲津《わしづ》・丸根砦《まるねとりで》が落ちたことを知ると、わずかな兵で清洲城から出陣。熱田神宮で戦勝を祈ってから、兵3,000で善照寺砦《ぜんしょうじとりで》に向かう。
信長は善照寺砦《ぜんしょうじとりで》に1,000の兵を残して、本隊がとどまっているよう偽装。精鋭部隊2,000を自らを率いて出撃する。
丹下砦《たんげとりで》
善照寺砦《ぜんしょうじとりで》
織田信長
鳴海城《なるみじょう》
中島砦
桶狭間
朝比奈泰朝《やすとも》
鷲津砦《わしづとりで》
松平元康
丸根砦《まるねとりで》
大高城《おおだかじょう》
織田軍の急襲に、今川本陣は総崩れに。兵300が義元を守り敗走するも、追撃を受け50ほどにまで減る。義元は、信長の家臣・毛利新介に討ち取られた。
今川義元本陣
丸根砦の攻略に成功した今川軍の先陣・松平元康。しかし義元敗死の報に、大高城から撤退。岡崎城入りして今川家からの独立を果たす。

合戦データ
永禄3年（1560）5月

VS	兵力	主な武将
今川軍	約2万5000	今川義元 松平元康 朝比奈泰朝《やすとも》 岡部元信《もとのぶ》 鵜殿《うどの》長照 葛山氏元 関口親永 由比正信
織田軍	約3000	織田信長 柴田勝家 林秀貞 佐久間盛重 佐久間信盛 梁田政綱 池田恒興 服部一忠 毛利良勝

夜中に**丸根・鷲津砦への敵襲**を知った信長は、少数の兵を率いて清洲城を出発しました。途中、熱田神宮《あつたじんぐう》で戦勝祈願をした後、約3000の兵を率いて善照寺砦《ぜんしょうじとりで》に向かいます。

これを知った沓掛城に本隊を置く今川義元は、朝の長い軍議の中で、三河武士の石川六左衛門尉《いしかわろくざえもんじょう》を御前に呼びました。彼は傷だらけですが百戦錬磨の強者《つわもの》です。重臣たちが六左衛門尉に「敵には強者がいるか?」と聞くと、「あれほど若々しく見える織田勢にいないはずがない。敵は強者を私たちの倍は持っていよう」と答え、さらに「敵の人数は少なく見積もっても5000はある」と言いました。皆は「それほどはいないだろう」と笑いました。すると六左衛門尉は苦笑いして、「皆さまは人数の見方をご存じないようだ。高い所にいる敵を下から見上げたときは少ない軍勢が多く見えるし、下にいる敵を高い所から見下ろすと少なく見えるものだ。油断めさるな。なぜ5000より少ないと言われるのか。そもそもこのような長い評定は無用。決して良い結果にならない」と言い、実際にその通りになりました……。

「あまりにぐずぐずしていて決断が遅れた。すぐに動くべし！」と六左衛門尉が言うので、今川義元の本隊は、沓掛城から元康が兵糧を入れに成功した大高城へと歩みを早めて、**桶狭間**方面に進みます。

義元は大高城までの中間地点にあたる桶狭間に本陣を置き、桶狭間山で昼食をとろうとしていたのです。完全に油断していた上に、土砂降りの雨まで降ってきました。

信長は、善照寺砦に1000の兵を残し、本隊がとどまっているように見せかけながら、自ら2000ほどの精鋭部隊を率いて攻めかかると、2万5000の今川軍が総崩れとなる中、義元を毛利新介《もうりしんすけ》〔義勝《よしかつ》〕が討ち取りました。松井宗信《まついむねのぶ》をはじめ、10人余りの有名な武将も枕を並べて討死しました。

そのまま押し寄せれば今川の本拠地・駿府も落とせたかもしれないのに、一時の勝利に調子づく人ではなかった信長は、清洲城に引き返しました。

もし松平元康が軍の最後列にでもいたならば、これほどの惨事には至らなかったでしょう。しかし、彼は大高城の番を命ぜられていたのが、義元の運の尽きでした。

義元が戦死し、沓掛城に残った番兵たちは逃げ落ちました。岡部元信《おかべもとのぶ》は鳴海城を守っていましたが、信長としばし戦い、降伏して、城を明け渡しました。

信長に申し入れて義元の首を返してもらい、駿河国へ戻ったのです。首だけのお供をして敗者の家臣が国に帰るのは珍しいことでしたが、立派な振る舞いです。この元信を昔の物語のように言うなら、武芸といい、侍の義理といい、主君への奉公といい、日本ではかつてないほど見事なものでした。

まとめ　総大将の資質 ――信長・家康と義元の違い――

実際の「大高城の兵糧入れ」は、桶狭間の戦いの一環《いっかん》としてその前日に行われたものですから、松平元康がいったん岡崎城や駿府に帰ったなどという『三河物語』の記述は完全に誤りです（そもそもの記述は年度も2年間違っていたのをこちらで手直しして本文としているくらいですが……）。

今川義元がいた城や、戦いの状況も、最新の学説通りに直しましたが、要するに、多勢に慢心した義元は、覚悟を決めた小勢の信長に敗れたのです。**攻める側なのに相手の領地内でダラダラと油断し、守る側が逆に素早く特攻してきたということです。**

織田信長だけでなく、松平元康の「大高城の兵糧入れ」での緊張感・剛毅《ごうき》さ・部下の進言を受け入れる決断力と、今川義元の「桶狭間での敗死」は見事に対比されています。**総大将の資質の差**が浮き彫りになっているのです。

5 奪還――桶狭間《おけはざま》敗戦に乗じ、故郷へ帰還

永禄《えいろく》3（1560）年【18歳】 岡崎《おかざき》入城

「そなたは迂闊《うかつ》だ。すでに今川《いまがわ》殿は討たれた。今夜のうちに大高城《おおだかじょう》を出立《しゅったつ》せよ」。今川義元《よしもと》の死を信じられない松平元康《まつだいらもとやす》（18歳）に、敵方の伯父・水野信元《みずののぶもと》がそう伝えます。幸い織田《おだ》方の攻撃を受けずに故郷の三河《みかわ》（愛知県南東部）岡崎に戻った元康ですが、城に入ることはできず、悲観して切腹を覚悟しました。そこへ、思わぬ僥倖《ぎょうこう》が訪れます。岡崎城にいた今川方将兵が、城を捨てて駿府《すんぷ》へ去ったのでした。「おお、捨て城ならば拾おう」。かくして元康は今川家の人質となって以来、13年ぶりに松平家の本拠・岡崎城に帰還したのです。一方、義元亡き後、新たな当主となった今川氏真《うじざね》（22歳）はリーダーシップに欠け、家臣らは離反を始めました。元康は大きな決断を迫られます。

見どころ　岡崎への帰還

今川義元、戦死――大高城でこの報を聞くと、家臣たちは「早く城を引き払いましょう」と、松平元康に進言しました。

しかし元康は、義元の戦死情報それ自体を疑います。もし嘘だった場合、退却したら義元に再び合わせる顔がないですし、世人の笑い話の種になってしまいます。そんな恥ずかしい振る舞いはできないと考え、確実な情報がない限りは、退却しないことを決断します。

ここで、織田方についていた伯父の水野信元（母・於大《おだい》の兄）が、密かに使いを寄越しました。

「そなたは迂闊《うかつ》だ……何をしている。義元は戦死した。明日にも織田軍が大高城へ押し寄せるだろう。今夜のうちに支度して、できるだけ早く退却なされよ。もし、そうするなら我らが上手く案内しようぞ」と、信元の伝言を伝えます。

ところがその使いはこう言い添えました。

「主君の信元は、私に『信長さまが攻めてきたら元康はとてももたない。急ぎ撤退を勧めてこい』と申しておりましたが……どうでしょう、300貫くださるなら、私一人でこのままお供しますがね」と、元康から知行地《ちぎょうち》をゆすり取って、撤退の案内をしたのです。元康軍は途中で織田軍に遭遇しましたが、その使いが「お味方の水野の兵だ」と嘘をつき、何とか危機をしのぎました。

使いに出した家臣の裏切りを知った信元は、「憎い奴、成敗してくれる」と腹を立てますが、甥とはいえ敵である松平元康の下に仕える人間を、もはや罰することはできません。

元康たちは首尾よく大高城を離れ、翌日に岡崎城下に到着しました。しかし岡崎城は、以前から今川勢が守っています。元康は、義元の子である今川氏真への義理立てもあり入城せず（とはいえ、義元の死に不安が募っていた城のほうでは「味方として」元康軍に入城してほしかったのですが）、松平家の菩提寺《ぼだいじ》である大樹寺《たいじゅじ》に入りました。

義元に育ててもらった恩がある今川の敵となって、岡崎城を強奪する決心はつかず、進退極まった元康は、あきらめて先祖の墓前で腹を切ろうとしますが、住職《じゅうしょく》に諭《さと》され、思いとどまりました。

すると3日後、何と岡崎城の今川勢が東三河↓遠江《とおとうみ》↓駿河《するが》へと退却していくではありませんか。「おお、捨て城ならば拾おう」と、元康たちは**幸運にも戦うことなく岡崎城に入ることができた**のです。

岡崎に残っていた譜代衆《ふだいしゅう》たちは「なんとめでたい！　若殿が13年も遠くにおられたので、一度でも城にお入りになり、我らの戦いぶりを御前でお見せしたいと願っておりました！　強がってはいるが滑稽《こっけい》な「獅子猿《ししざる》」のような今川勢に腰を低くし、這《は》いつくばって、機嫌を取っていたのも、いつか元康さまにお戻りいただきたかったからです……」と感涙にむせびます。5歳で城を出て、18歳の立派な主君となった元康が、ようやく帰ってきたのです。大喜びも、無理のないことだったでしょう。

まとめ

三河国を平定し信長と同盟関係に ——清洲《きよす》同盟（1862年）——

桶狭間の戦いのどさくさで人質生活から解放され、岡崎城を取り戻した松平元康。表向きは義元の後継・今川氏真に従うふりをしながらも、翌年には吉良《きら》氏を破り西三河を平定、さらに東三河、時には尾張国《おわりのくに》まで譜代衆・一門衆《いちもんしゅう》を派遣し、戦い続けて勢力を広げました。

その過程で失った家臣もいましたが、人質時代から従う**酒井忠次**《さかいただつぐ》（元康の15歳上・のち「徳川四天王」）や**石川数正**《いしかわかずまさ》（同9歳上）に加え、桶狭間の戦い時に初陣を飾った**本多忠勝**《ほんだただかつ》（同6歳下・のち「徳川四天王」）、そして長年、今川家臣団《かしんだん》に組み込まれていた三河在住の譜代衆・一門衆も、直属の家臣団として組織されるようになりました。

例えば**榊原康政**《さかきばらやすまさ》（同6歳下・「徳川四天王」）は、元康が岡崎城に戻った年、小姓に任命されています。榊原一族といえば、ある戦いで榊原忠政《ただまさ》を見た元康は「あれは誰だ？ 早いな！」と感嘆し、「素早く城内に押し入ったぞ！ 早之助《はやのすけ》とつけよ」と言ったので、榊原早之助と名乗ったという、愉快なエピソードもあります。

さて、永禄5（1562）年、**三河を平定**した松平元康は、駿河・遠江の今川と、尾張の織田、どちらの味方かをはっきりさせ、協力を得て支配を固めていかなければなりません。

2年前の桶狭間の敗戦の直後から、元康は**今川氏真**に「信長を討ちましょう」と何度も誘ったのですが、乗ってきません。父の敵討ちどころか、公家のように蹴鞠《けまり》ばかりして遊んでいました。その間、**織田信長**は厳しく兵を訓練し、武家の支配者としてより実力をつけたと伝わってきます。

迷った末に元康は今川を見限り、織田の味方となる道を選びます。母の於大が仲介に入り、仲直りした伯父・水野信元に付き添われて信長の清洲城《きよすじょう》に行き、同盟を結びました。これを「**清洲同盟**」といいます。同盟の証として、ともに3歳だった家康の嫡男・信康《のぶやす》と、信長の娘・五徳《ごとく》の政略結婚も決まりました。この同盟は、20年後に信長が本能寺《ほんのうじ》の変《へん》で亡くなるまで続いた、当時としては稀有《けう》なものでした。

ちなみにこの時、ドサクサに紛れて3名で同盟を結んだ形になったのが水野信元です。彼は、目的のためには手段を選ばない策士。そもそも元康が母の於大と生き別れになり、人質として織田・今川に預けられたのも、もとはこの伯父が織田方についたことが原因でした。元康は、彼のことは信用していません……。

翌年、元康は、今川義元から一字頂いて名乗った「元康」の名を捨てます。それは、今川との決別を意味するものでした。そして、清和源氏《せいわげんじ》の名門・新田氏《にったし》の系譜にある「徳川《とくがわ》」家康《いえやす》——のちに戦国乱世を制し、後世に伝わる名を自称し、家系図まで作成するようになるのです。

6 一揆《いっき》―― 味方の裏切り続発の中で……

永禄《えいろく》6（1563）年【21歳】 三河《みかわ》の一向《いっこう》一揆

「戻って、私と戦え！」。松平家康《まつだいらいえやす》（20歳）が叫ぶと、敵は「早く引け」と散り散りに退却しました。今川義元《いまがわよしもと》より与えられた元の字を捨て、改名した家康が戦う相手は、旧主家の今川勢でも、前年に清洲《きよす》同盟を結んだ織田《おだ》勢でもありません。なんとわが家臣である、三河《みかわ》武士たちでした。原因は、家康と一向宗との対立。一向宗の坊主らが家康に対し、門徒《もんと》を率《ひき》いて一揆を起こすと、門徒には家康の家臣が多数いたのです。選ぶべきは主君か信心か……。家臣団を割ったこの騒ぎは、家康にとって大きな試練でしたが、彼は常に自ら最前線に飛び出し、勇猛な家康の姿に家臣らは槍《やり》を抱えて逃げ回ります。そして一揆の「雨降って」、家康と家臣の絆《きずな》はより「地固まる」のでした。

見どころ

家中が割れる危機　――三河の一向一揆――

尾張国《おわりのくに》の織田信長と清洲同盟を結んだ三河国の松平家康は、国内の今川方の城を次々と攻略し、地盤を固めていました。

ところがその矢先の永禄6（1563）年、一向宗の坊主《ぼうず》・門徒《もんと》が領内で一揆を起こし、家康と敵対するようになりました。

これと連動して、もとの名目的な三河国支配者の一族・吉良義昭《きらよしあき》も東条城《とうじょうじょう》へ籠《こも》り戦いを仕掛けます。また、家康の妹婿である荒川義広《あらかわよしひろ》は八《や》ツ面城《めじょう》で、さらには一門衆《いちもんしゅう》の松平家次《まつだいらいえつぐ》、譜代衆《ふだいしゅう》の上野城主《うえのじょうしゅ》・酒井忠尚《さかいただたか》も挙兵しました。そして、遠江《とおとうみ》との国境に近い東三河は、厄介《やっかい》なことに、駿府《すんぷ》の今川氏真《うじざね》の後ろ盾《だて》を得ています。

一揆は野寺《のでら》の本證寺《ほんしょうじ》から起こりましたが、岡崎城から遠かったことから、敵は家康の精鋭が相手になっていた土呂《とろ》・針崎《はりさき》・佐々木《ささき》の3カ所にこもるようになりました。

家康方の先鋒として上和田城《かみわだじょう》に大久保《おおくぼ》一族がいて、針崎にある勝鬘寺《しょうまんじ》の一揆勢と対抗します。大久保一族が結集し、昼夜油断なく戦ったので、そこから岡崎城へ侵攻させることはありませんでした。

一揆勢が上和田城へ戦いを仕掛けると、城兵は櫓《やぐら》に上り竹の筒の貝（竹ぼら）を吹きます。そのたびに、聴きつけた家康が岡崎城から先頭を切って駆けつけてきます。敵はこれを遠くから見て、「家康が来た！　早く引け」とばらばらに退却しました。

ある時、蜂屋貞次《はちやさだつぐ》も退却しようとしました。家康方の武将が駆けつけ、蜂屋に「絶対に逃がすものか、戻れ！」と言いました。蜂屋は立ち止まって笑い、「俺の相手はつとまるまいが、受け止めてみよ！」と槍を取り、突きかかりました。相手が脇によけると蜂屋は大声で「そんなことだと思ったわ！　俺の相手ではない！」とののしりました。彼は背が高く力も強く、「この俺の槍先に、誰が向かってこようか」とうそぶくほどの強者です。

しかしそこへ、家康本人が駆けつけ「蜂屋め、戻って私と戦え！」と叫びました。すると、さすがに主君たる家康が相手だったので、槍を抱えて一目散に逃げ出しました。さらに他の武将が駆けつけて、「蜂屋、戻って戦え！」と言うと、「家康さまだからこそ逃げたが、お前らに背を見せるか！」と引き返し、槍を突きます。互いに5、6度突き合わせ、その武将はとてもかなわぬと逃げようとしたところ、蜂屋が背中へ槍を投げて貫き殺しました。

蜂屋が槍を引き抜いたところへ、再び家康が駆けつけてきました。「蜂屋め！」と言うのを聞くと、彼はまた槍を抱え、後も見ずに逃げ出しました。

家康は陣に戻ってくると、「蜂屋は逃げる奴ではないが、さすがに私を見ると再三逃げ出したわ」と、ことのほか上機嫌でした。

その後、大久保一族は上和田城を出て、勝鬘寺《しょうまんじ》の寺域で激しく戦いました。一揆方では「激しく攻めて後方を遮断すれば、大久保は上和田城へ戻ることはできまい。さすがに挟み撃ちすれば逃げるだろう。そうなったら、水田に追い込んで殺そう」と話していました。

蜂屋は妻が大久保家出身で、義理の一族を討つのは忍びないと思い、「こちらは後方を遮断しようとしている」と大久保方に密告したので彼らは退却します。一揆勢は予定通り攻めましたが、大久保勢が退却した後で、なす術もありません……。

蜂屋の密告がなければ、大久保一族は残らず戦死し、一揆はますます勢力を増したはずです。そうならなかったのは、家康さまの運が強かったからだ、と『三河物語』は語っています。

勇猛な家康は、とにかく最前線に飛び出していきます。ある時、退却する波切孫七《なみきりまごしち》郎《ろう》に追いつき、二度槍を突きますが、わずかに届かず馬で逃げ去ってしまいました。のちに家康が「孫七郎を二度突いたが逃げた」と言うと、彼は変わり者だったので、「いや、他の者に突かれた」と嘘を言いました。恥をかかされた家康は頭にきて、その後、ついに波切家は御前に召し出されることはありませんでした。

これらのエピソードからは、**若き家康の武人としての気の強さ**が窺《うかが》い知れます。

やがて家康方が優勢となり、蜂屋貞次ら数名が大久保一族の仲介で、和議を結びに岡崎城へやってきました。蜂屋らは「敵対したことをお許しいただけるなら、過分のお慈悲と存じます。また、とても無理なお願いかもしれませんが、一向宗の寺院を以前のように置いてくださいませんでしょうか。それに一揆を企《くわだ》てた者たちをお許しください」と懇願しました。

家康が「もっともだ。お前たちが言うように命は助け、寺も前のままに置く。しかし、一揆を企てた連中はやむなく処罰することになろう」と返すと、蜂屋らが「我々の命をお助けくださるのはありがたいのですが、他の者もぜひ」と譲らないので、和議が進まなくなってしまいました。

その時、仲介していた大久保忠俊《ただとし》(『三河物語』作者である彦左衛門忠教《ひこざえもんただたか》の伯父)が「我らの一族は家康さまの先陣として、昼夜の戦いに休む暇もありません。先日、一揆勢と戦った時は、息子の忠勝《ただかつ》と甥の忠世《ただよ》が目を負傷しました。一族で傷を受けない者はなく、もはやこれまで、というところに殿が駆けつけてくださり、辛うじて勝利を得ることができました。その時の一族の負傷の代わりとでもお思いになって、一揆を企てた者の命も助けてくださいませ。和議を結んだ後、彼らに先陣を切らせれば、三河国を完全に平定することもできましょう。どうか、和議を……」と進言しました。

家康は「それなら忠俊の顔を立てて、許すことにする。起請文《きしょうもん》を書こう」と、降伏した家臣たちを許したのです。それ以降、彼らが三河平定の先陣を務めるようになりました。

しかしその後、家康は約束を破り、土呂、針崎、佐々木、野寺の寺を壊し、一向宗からの宗旨変えを強制しようとします。すると、彼らは「以前と同じようにする」と書かれた家康の起請文がある、と反論しました。

家康は「ん？　それを言うならこの土地は寺どころか以前は野原だったのだから、以前のようにせよ」と屁理屈を言い、堂塔《どうとう》を破却し、坊主や門徒ら、一向宗勢力を厳しく弾圧したのです。

このように、**一揆の主謀者たちには容赦ありませんでしたが、信仰心から敵にならざるを得なかった譜代衆・一門衆の大半の命は助けられました。**三河国から去るも残るも、一時は敵となった家臣たちを助けた家康の慈悲深さに、感動しない者はなかったといいます。

まとめ　家中が割れた一向一揆　――平定を通じて成長――

松平家康には、駿河《するが》・遠江の今川だけでなく、領内にも敵がいました。それは一向宗（鎌倉時代に親鸞《しんらん》が開いた浄土真宗の俗称）の信徒が心を一つにした集団、**一向一揆**でした。彼らは「南無阿弥陀仏」と唱えて阿弥陀如来にすがり、死後に極楽浄土に連れていってもらおう、と他力本願の考えを持っていることから死を恐れておらず、領内各地でとても強力な敵となりました（**この時の経験が、江戸幕府開幕後のキリスト教の禁教政策につながります**）。

三河国は一向宗が盛んで、野寺・佐々木・針崎の三カ所に「三河三ヶ寺」があり、その寺内町《じないまち》では、坊主・門徒たちが家康の支配・介入を拒《こば》み、自治を求めました。

今の今まで家康に仕えていた譜代衆や一門衆の中にも、信仰上の理由から一揆勢に加担した人間も多数いました。のちに側近となる本多正信《ほんだまさのぶ》や、「徳川十六神将《しんしょう》」に数えられる蜂屋貞次・渡辺守綱《わたなべもりつな》、そして9年後の三方ヶ原《みかたがはら》の戦いで家康の身代わりとなり討ち死にする運命にある夏目吉信《なつめよしのぶ》も敵となりました。しかし、この**「三河の一向一揆」**を鎮《しず》めなければ領内の支配は安定しません。

9月の開戦から家康も先頭を切って出馬し、年明けの上和田の戦いでは、鎧《よろい》に2発の銃弾を受け、死の淵を覗《のぞ》きましたが、翌月には優勢となり、和議が結ばれました。

この時、進んで降伏して詫びを入れた家臣たちには寛大な処分を行ったので、家康の情けに、家臣団の団結心はかえって強まりました。ただし、一揆を起こした者たちには追放・処刑など厳しい処罰を与え、改宗命令に従わなかった一向宗の坊主たちは追放し、9年後まで帰国を許しませんでした。

家康は、「アメとムチ」を使い分けることで支配を強めていく、という貴重な経験をしたのです。

『三河物語』には詳細が長く語られていますが、この「三河の一向一揆」の一次史料は非常に少ないのです。それは、いかに美談仕立てにしたところで、のちの天下人たる家康が、家臣たちや領民に反乱を起こされたのは都合が悪かったからかもしれません。もっと言えば、そもそも事の発端が一向宗に対する家康側の理不尽な支配にあったという説も捨てきれず。真相は闇の中です。

歴史は常に勝者側が創っていくものですから。

7 東へ――因縁の今川《いまがわ》氏を滅ぼす

永禄《えいろく》11（1568）年【26歳】遠江《とおとうみ》を獲得

前年に領内の一向一揆《いっこういっき》を鎮《しず》め、今川家から独立して東三河《ひがしみかわ》制圧に乗り出した松平家《まつだいら》康（21歳）。そんな彼が気がかりなのが、今川家の人質となっている嫡男竹千代（のちの信康《のぶやす》、5歳）の安否でした。万一に備え、譜代衆《ふだいしゅう》の石川数正《いしかわかずまさ》（31歳）が駿府《すんぷ》に赴き、付き添います。幸い今川方は手を下さず、竹千代は無事に岡崎に帰りました。以後、攻勢に出た家康を今川氏真《うじざね》（26歳）は止められず、永禄9（1566）年に家康は三河国（愛知県東部）を統一。さらに甲斐《かい》（山梨県）の武田信玄《たけだしんげん》（45歳）と謀《はか》り、遠江国（静岡県西部）を松平と武田で挟撃《きょうげき》して、今川家を滅ぼしました。そして家康は遠江に、新たな本拠となる城を築くのです。

見どころ

東三河へのさらなる侵攻

永禄5（1562）年、松平家康は東三河に軍を向けると、西之郡城《にしのこおりじょう》に甲賀衆《こうかしゅう》を派遣して奪い、今川方の鵜殿長照《うどのながてる》を討ち取って、2人の子どもを生け捕りにしました。

これまで、表向きは今川氏真に従ってきた**家康は、長男の竹千代（のちの信康）を駿府に人質として預けていました。**今川家では、家康はいまや敵なので、竹千代を殺せという声が上がりましたが、彼は今川の重臣で、家康の妻・瀬名《せな》〔築山殿《つきやまどの》〕の実父でもある関口親永《せきぐちちかなが》の孫です。すぐに殺されることはありませんでした。

そんな中、譜代衆の石川数正が「幼い若君に万一の際、お供する者がいなければ寂しい限りです。せめて私が参り、お供いたしましょう」と言い、岡崎《おかざき》から駿府へ下りました。身分の上下なく、感動しない者はいませんでした。**家康は主家に対しいつでも命を捨てられる、立派な譜代衆《ふだいしゅう》に恵まれていた**のです。

そんな折、今川から「鵜殿長照の子と竹千代の人質交換をしよう」と言ってきたので、それに応じ、石川数正も竹千代とともに、岡崎へ戻りました。

その後、家康は東三河の牛久保《うしくぼ》城や吉田《よしだ》城へ攻め寄せ、長沢城《ながさわじょう》を獲り、近くに砦《とりで》を築きました。駿河方も対抗して砦を築き、牛久保や吉田を本拠の城としました。

ついに今川氏真は、駿河、遠江の軍勢を集めて出陣します。本陣を牛久保に取り、1万の軍勢を集めて、5000余の軍勢を攻めに使い、残りを後詰めとしました。

家康は「氏真も男なら出陣して戦え」と、3000ほどの軍勢で出陣しました。そして牛久保の敵本陣前を押し通り、攻めに出ていた敵兵を追い払い、その夜は砦に陣を張りました。

翌日、昨日と同じ場所に軍勢を向けますが、それでも氏真は出陣しません。**今川氏真は、祖父の氏親《うじちか》や父の義元《よしもと》といった名のある戦国大名とは違い、いざという時に武将らしいリーダーシップが決定的に欠けていた**のです。

その後、家康はさらに攻め続け、討ちつ討たれつ、東三河の今川勢と火花を散らして戦いました。

ある時、家康は吉田城《よしだじょう》に迫り、近くの砦を獲りました。さらに下地《しもじ》という場所を攻めた時、譜代衆の蜂屋貞次《はちやさだつぐ》は少し遅れて出陣しました(例の一向一揆の時に出てきた強者《つわもの》です)。

「槍合わせがはじまるぞ。急げ」と言われると、蜂屋は「すでに誰かが槍合わせをしたのなら、俺は刀で斬り合いをする。あの蜂屋が二番槍をしたと言われるのは嫌だ。槍は必要ない」と言い、家来に持たせませんでした。

彼は、槍を構える敵に走り寄ると2人を斬り殺し、次に鉄砲を持っている敵に向かいました。ところが、勇敢に切りつけたところを撃たれ、弾がこめかみに当たって、蜂屋は命を落としました。

息子の戦死を知った母は「ご立派な最期でした……」という言葉を聞くと、「それなら安心しました。主君のために命をかけ戦死するのは侍の務めなので、驚き悔やむことなど何もありません」と言い放ちました。人々は、「女には珍しい。さすが蜂屋の母だ」と感心しました。**家康の譜代衆《ふだいしゅう》・三河武士の一族はこのような人たち**でした。

敵は、吉田城を明け渡して退却しました。さらに長篠《ながしの》、作手《つくで》、段嶺《だみね》の領主も次々に降伏して、新たな家臣となりました。

永禄9（1566）年、24歳になっていた家康は、ついに**三河国を完全に統一**しました。『三河物語』では、3年ほどの「松平」家康時代がなかったことになっていますが、**正式にはこの時からが「徳川《とくがわ》」家康**です。ある地域ではなく一国全体を統一する戦国大名は室町幕府の守護に等しい立場なので、由緒正しさが説得力となります。

そこで、清和源氏《せいわげんじ》・新田氏《にったし》の一族であると家系図を捏造《ねつぞう》したわけです。

遠江国への出陣

さて、家康は甲斐国（山梨県）の大大名《だいだいみょう》・武田信玄《たけだしんげん》と連絡を取って、「大井川《おおいがわ》を境にこちらは遠江を奪い、武田は駿河を奪う」と申し合わせ、それぞれが遠江と駿河の両国へ出陣することにしました。今川氏真を完全に滅ぼしにかかったのです。

26歳になった家康は永禄11（1568）年、遠江への侵攻を開始、続々と今川方の武将を服属させていきます。久野城《くのじょう》の久野宗能《くのむねよし》、高天神城《たかてんじんじょう》の小笠原信興《おがさわらのぶおき》らでした。

氏真は、信玄に駿府の今川館を落とされて駿河国を獲られ、大井川を渡って朝比奈《あさひな》泰朝《やすとも》の守る遠江国の掛川城《かけがわ》へ逃げてきました。ここで、新たに家康が従えたばかりの久野宗能の義兄弟たちが、「今こそ出世の機会。家康を裏切って掛川城と謀《はか》り、挟み撃ちにしよう」と言います。しかし宗能は「一度今川を裏切った身で、次は徳川を裏切る、そんな後ろ指をさされることをするわけにはいかない」と承諾しませんでした。

皆はその場を去って、「宗能に腹を切らせて代わりの当主を立て、家康を前後から囲み、どこへも逃すまい」と決めました。しかしそれを、仲間うちの2人が宗能に密告。宗能は家康に援軍を頼み、家康も即座に承諾して差し向けたので、何も起こりませんでした。**新参者でも、このような忠誠心溢れる家臣が一人いるだけで、大いに救われる**のです。

家康は掛川城へ押し寄せます。付近の山に旗を立てると、城からも剛毅《ごうき》な武将や兵が出てきて、激しい戦いになりました。家康はやがて近くの砦を取り、例の久野宗能を置きました。その他にも2つの砦を築き包囲しているうちに、永禄12（1569）年1月に掛川城は落ち、和議が結ばれることになりました。今川氏真は、妻の実家である北条氏《ほうじょうし》の本拠地・小田原城《おだわらじょう》まで、遠江↓駿河↓伊豆《いず》↓相模国《さがみのくに》へと東に落ち延びて行ったのです。

3月のある日、遠江堀川城《ほりかわ》で一揆が起きると、家康軍は攻め立てました。そのとき一番乗りをした大久保忠栄《おおくぼただなが》が、鉄砲で左の頬を撃たれて死んだほか、大勢が戦死しました。干潟《ひがた》にある城は満潮になると船で行くしかなく、干潮の時も出口は一方しかないのですが、皆退くことを知らず勇猛に攻め寄せ、男も女も根こそぎ殺しました。

家康は一時、見付に城を築き、城下に屋敷持ちの家臣たちを住まわせましたが、「ここは本拠にふさわしくない」と引馬城《ひくま》（のちの浜松城）へ移り、城を拡張して住むことにしました。**徳川家康の本拠地は、三河国・岡崎城《おかざきじょう》から東に進んだ遠江国・浜松《はままつ》**

城《じょう》に変わったのです。

まとめ

領主の愚かさは敵が付け入る隙となる ――今川氏の滅亡――

長い人質生活など、苦労の連続だった三河国の徳川家康に比べ、3歳上の主家の後継者、駿河・遠江国の今川氏真は暗愚《あんぐ》でした。確かに蹴鞠《けまり》・和歌・茶の湯は達者でしたが、「(父の敗死後の)イマ」「(京都ではなく激戦区の)ココ」で最優先される能力ではありません。

それを見て侵略のチャンスだと思った甲斐国の武田信玄が、家康に密約を持ち掛けます。今川の駿河・遠江を大井川を境に分け合おうというのです。

これに家康が応じたことから、相模小田原《さがみおだわら》の北条も含めて今川と結んでいた「相甲駿《そうこうすん》三国同盟」を破棄した信玄は、駿河に進軍を開始しました。氏真は大井川を渡り、朝比奈氏の守る遠江の掛川城に逃れたので、激しい戦闘となり、両軍に多くの死者が出ます。

これを見た信玄が密約を破り、どさくさに紛れて遠江にまで侵攻しようとしてきたので、家康は氏真と和議を結びました。

西《にし》三《み》河《かわ》の小領主《しょうりょうしゅ》・松平氏出身の家康が、大大名の今川を滅ぼし、三河国だけでなく遠江国も手に入れました。ここで徳川家康と改名した家康は、それまで今川義元の尊称だった「海道一の弓取り（東海道《とうかいどう》一の武将）」と呼ばれるようになったのです。

一方、義元の後継者だったはずの氏真は、妻の実家である小田原に落ち延び、今川氏は滅亡しました。

本人の器量次第で、出自＝「親ガチャ」からの運・不運はここまで逆転する、という好例ですね。

8 共闘――風雲児・織田《おだ》信長《のぶなが》との接近

元亀《げんき》元（1570）年【28歳】 姉川《あねがわ》の戦い

「ぜひ我らに一番隊（先鋒《せんぽう》）をお命じください。さもなければ、明日の合戦に参戦いたしません」。援軍の徳川家康《とくがわいえやす》（28歳）の主張を、織田信長（36歳）は呆《あき》れながらも認めました。元亀元年（1570）6月、近江国《おうみのくに》（滋賀県）姉川河原。家康と信長が対峙《たいじ》するのは、越前《えちぜん》（福井県東部）の朝倉《あさくら》軍と北近江の浅井《あざい》軍です。2ヵ月前、朝倉義景《よしかげ》（37歳）を討つべく越前に攻め込んだ織田・徳川軍の背後を、裏切った信長の妹婿浅井長政《ながまさ》（25歳）が襲撃。信長や家康にとって姉川の戦いは、そのリベンジでした。合戦は徳川軍の活躍で勝ちますが、以後も浅井・朝倉、さらに比叡山《ひえいざん》、六角《ろっかく》氏などを相手に信長は苦戦します。そうした中で徳川勢は常に勇猛に戦い、存在感を示しました。

見どころ　金ヶ崎《かねがさき》の退《の》き口　――信長《のぶなが》、絶対絶命――

元亀《げんき》元（1570）年4月、織田《おだ》・徳川連合軍は、**朝倉義景**の領地である越前国（福井県東部）の金ヶ崎城《かねがさきじょう》を攻め、終始優勢に戦いを進めていました。ところが、信長が妹のお市《いち》を嫁がせていた北近江の義弟・**浅井長政**が裏切り、後方から信長軍を襲ったのです。

信長は、家康を前線に残したまま、何の連絡もせず、宵のうちにいったん京都を目指し退却。家康は、夜が明けてから、信長の家臣の木下藤吉郎《きのしたとうきちろう》に案内させて退却しました。

この戦いは「**金ヶ崎の退き口**」と呼ばれ、信長にとって命がけの大変危険な退却でした。この時に殿《しんがり》を務めた藤吉郎が、のちの豊臣秀吉《とよとみひでよし》です。

金ヶ崎の退き口

越前
金ヶ崎城　手筒山城
敦賀
国吉城　　疋壇城
若狭　　　　　　　　小谷城
　　　　　　　　　（浅井氏本拠）
朽木
丹波　　　　　　　　佐和山城
織田軍の退路
山城　　　　　　　近江
　　　　　　　　長光寺城
京　　宇佐山城
　　　　　　　　　　伊勢
美濃
岐阜城
尾張

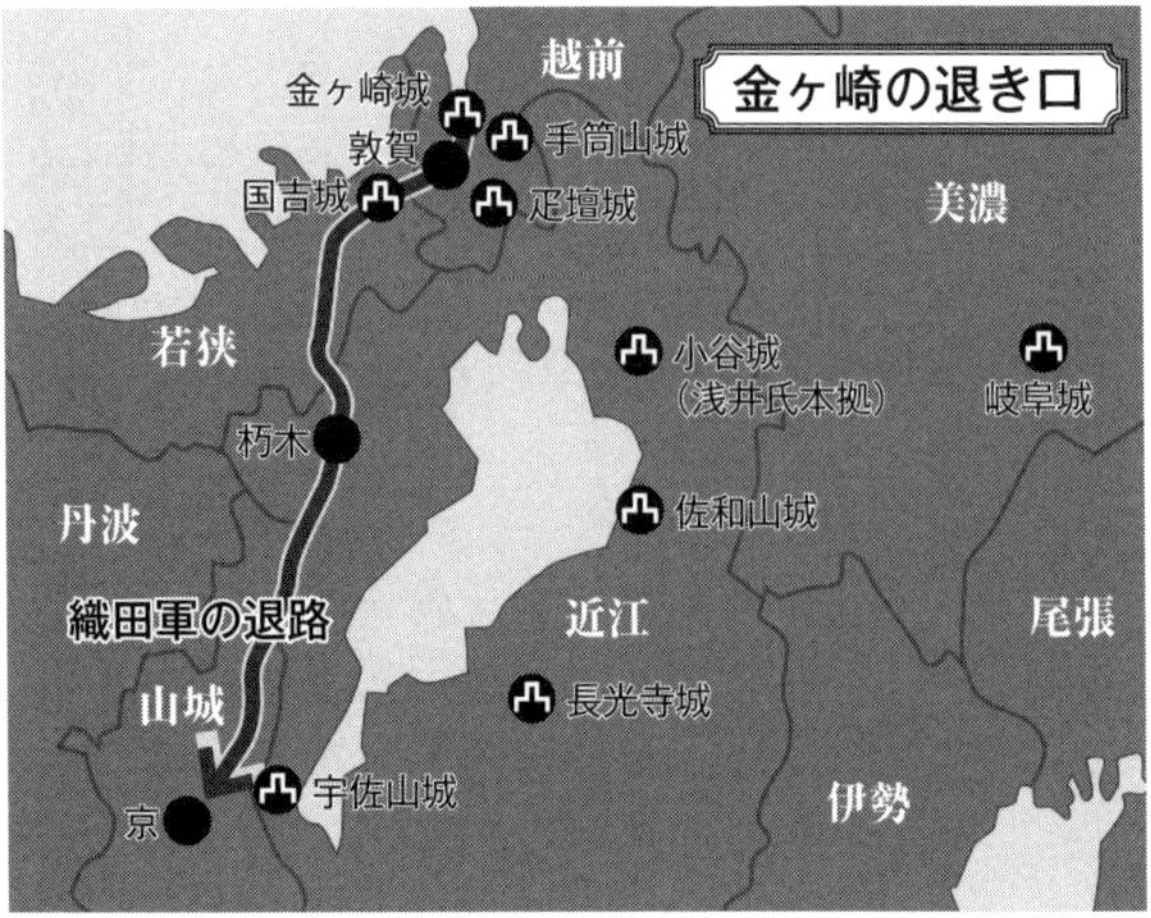

姉川の戦い ──家康軍、大活躍──

同年6月、信長が改めて北近江の浅井長政を攻めようとすると、越前の朝倉勢(総大将は義景ではなく一族の景健)が、信長の美濃─京都の往来を遮断しようとあちこちに砦を築き、3万(実際は8000ほど?)の兵で一乗谷城を出ました。

信長は家康に「一刻も早く援軍を送ってくれ。朝倉勢が城を出たから北近江で合戦になるだろう」と連絡してきたので、家康も再度出陣します。それを聞いた信長は非常に喜び、早々に出陣しました。

織田勢に合流した日。信長が、毛利新介《もうりしんすけ》（桶狭間《おけはざま》で今川義元《いまがわよしもと》を討ち取った武将）を使いに寄越し「明日の合戦は、一番隊は柴田勝家《しばたかついえ》、明智光秀《あけちみつひで》、森可成《もりよしなり》などに命じたから、徳川どのは二番隊を頼む」と言ってきます。

しかし、家康は「どうせ加勢するなら、ぜひ我らに一番隊をお命じください」と言い送りました。

すでに家臣たちに命じていた信長は、再び使いを寄越し、「先鋒も次鋒も特に変わらないではないか、承知してくれ」と二番隊を提案しますが、家康は首を縦《たて》に振らず、「いや、それは全然違う。老年ならまだしも自分はまだ30にもならない。わざわざ援軍に来て二番手に甘んじるとは恥であり、迷惑極まりない。ぜひ一番隊をお命じください。でなければ、明日の合戦には参戦しません」と。

呆《あき》れ、かつ感心した信長が「それほどまで言うなら、確かにありがたいことだ」とついに折れて、家康軍が一番隊と決まりました。家康は、「先鋒を任されるとは、天の恵みだ！」と、この上なく喜びます。

翌6月28日の明け方、信長と家康は出撃しました。浅井・朝倉連合軍1万3000余に対して、こちらは信長軍1万余と家康軍3000余。実際は織田・徳川軍の方が多かったという説もあります。

当初は浅井・朝倉軍が有利な激戦でしたが、家康軍が敵の陣を討ち破り、追いかけつつ、そこかしこで敵を討って形勢を逆転しました。

信長軍は本陣近くまで攻め寄られ、名だたる武将が戦死しましたが、同じく多くの死者を出しつつも家康軍が勇猛にも敵陣深く攻め入ると、敵はやむなく敗走。その敵も一人残さず討ち果たしました。両軍で2500名もの死者を出したこの戦い以降、浅井軍の本陣近くの川は血川《ちかわ》、両軍の激戦地は血原《ちはら》と呼ばれるようになったほどです。

「今日の合戦は、家康どのの手柄で自分も名をあげたわ！」と信長は喜びました。しかし、この「**姉川の戦い**」に勝利した後、信長は美濃の岐阜城《ぎふじょう》へ帰ってしまいます。

信長は「勝って兜の緒を締めよ」と、用心深く無理をしない人で、余勢をかって一気に押すタイプではありません。10年前の桶狭間の戦いの時も、今川義元を討ち取った後、そのまま戦を続ければ、すぐにでも三河《みかわ》、遠江《とおとうみ》、駿河《するが》を手に入れられただろうに、尾張の清洲城に帰っています。しかし、最終的にはこの後、近江も越前も手に入れました。

箕作城《みつくりじょう》の戦いと上洛時のトラブル　――三河武士のさらなる活躍――

12月、再び進出してきた越前の朝倉軍は、浅井軍及び比叡山の僧兵らと合流、総勢3万余で近江国比叡山《ひえいざん》に陣を取ります。美濃から出た信長軍は滋賀に陣を取り、再度家康に援軍を要請。家康は三河から石川家成《いしかわいえなり》を派遣しました。

信長は比叡山に協力させ、「越前は積雪のため、兵糧米が尽きるに違いない。兵糧攻めにする」と考えていましたが、比叡山は味方するどころか、信長を討つ気でした。おまけに近江国は、まだほとんどが浅井・朝倉の領土なので岐阜城へ帰る道もふさがれ、敵軍3万余に対して、1万以下の兵ではとても立ち向かえません。やむなく信長は朝倉義景に和議を申し込みました。「天下は朝倉殿がお取りください。私は二度とそんなことは望みません」と起請文を書いて道を空けてもらい、岐阜城へ引きあげたのです。ところが、信長はいったん引き上げたと見せかけて、すぐに近江へ攻め上りました。

この時、家康は援軍として、三河から松平信一《まつだいらのぶかず》を派遣しました。信長は六角《ろっかく》氏の箕作城《みつくりじょう》を攻めますが、一向に落ちません。それで「この小城に日数をかけてもしかたがない。放っておき、都へ攻め上ろう」と城の包囲を解き、裏門の軍も引き上げました。これを見ていた松平信一は、敵が裏門から逃げ出したところをついて本丸に突入し、攻略したのです。

信長は再び上洛しました。信長の弟の部隊の者が家康から派遣された松平信一の部隊の者と烏帽子《えぼし》を奪い合って喧嘩が始まり、美濃・尾張《おわり》勢が信一の陣所に詰め寄りました。ところが三河勢が本格的に応戦したため、攻めあぐねた美濃・尾張勢が総大将の信長に報告します。

すると信長は、「徳川どのに援軍を頼んでおいて、その者らを打ち殺そうとするなど不届き千万《せんばん》！」と激怒。粗相をした美濃・尾張勢は散り散りになって姿を消しました。

その後、信長は松平信一を呼び出し、「信一、このたび箕作城の戦いでのお主の手柄は比べるものがない。今回の喧嘩でも素晴らしい活躍だ。そなたは背は低いが、肝が太い。せっかく金・銀の延べ板を鞘に張り付けた熨斗《のし》付の刀を差しているのだから、ぜひこうした戦を続けてくれ」と称賛しました。

まとめ　織田信長から絶賛された家康軍の勇猛さ

徳川家康の同盟相手、尾張国の織田信長は、永禄《えいろく》10（1567）年に美濃国（岐阜県南部）を制圧、稲葉山城《いなばやまじょう》を岐阜城と改称・改修し、本拠地としました。永禄12（1568）年には近江国（滋賀県）を通過して上洛を果たし、足利義昭《あしかがよしあき》を室町幕府の15代将軍に就任させていました。

しかし、2年後に将軍義昭が京都で反旗を翻《ひるがえ》し、各地の大名に「信長を討ってほしい」と要請したのです。怒った信長が、「援軍を頼む」と連絡したので、家康はこれを助けようと、遠江・三河からすぐに出陣しました。このような経緯で、「金ヶ崎の退き口」や「姉川の戦い」、後日談の京都での出来事があったのです。

同盟相手のピンチに遠江・三河から駆け付けた家康や家臣たちは、信長や美濃・尾張勢から雑な扱いを受けながらも、一貫して勇猛であることを見せつけています。

現状は、確かに「織田」のほうが規模も勢いも持っているかもしれない、しかしそれが何だ、「徳川」ここにあり。**時には激しく自己主張してでも、コンビを組む相方《あいかた》に舐《な》められてはいけない**のです。

ここで信長に感心・絶賛されたからこそ、その後の家康・三河武士があったのです。

9 焼討ち──比叡山《ひえいざん》炎上と室町幕府滅亡

元亀《げんき》2（1571）年【29歳】 比叡山焼討ち

一年前の姉川《あねがわ》の戦いで浅井長政《あざいながまさ》（26歳）と朝倉義景《あさくらよしかげ》（38歳）に勝利した織田信長《おだのぶなが》（37歳）が次に標的としたのは、近江国《おうみのくに》（滋賀県）の比叡山延暦寺《ひえいざんえんりゃくじ》です。延暦寺は、敗走した浅井・朝倉軍をかくまっていました。激怒した信長は、その報復として延暦寺を焼き払い、僧侶、女、子ども問わず首を刎《は》ねたのでした。そのころ徳川家康《とくがわいえやす》（29歳）は、岡崎城《おかざきじょう》（愛知県岡崎市）を嫡男《ちゃくなん》の信康《のぶやす》（12歳）に譲って、遠江国《とおとうみのくに》（静岡県西部）の浜松城《はままつじょう》（静岡県浜松市）に移り、武田信玄《たけだしんげん》（50歳）による遠江国と三河国《みかわのくに》（愛知県南東部）への侵攻に備えていました。

見どころ

将軍追放と比叡山焼討ち

信長は「朝倉義景が将軍（足利義昭《あしかがよしあき》）を就任前に支援できなかったから、私の住む岐阜城《ぎふじょう》へ助けを頼み、それで15代将軍になれただけだろうが。その情けを忘れ、さらに朝倉と一味して敵となった。そなたは恩というものを知らない。本当は腹を切らせたいが、将軍なので命だけは助けよう」と、足利義昭を追放します（山城国《やましろのくに》から完全に追放し室町幕府が有名無実化したのは2年後のことです）。

信長は、「（明智光秀《あけちみつひで》に命じて焼き打ちした）比叡山延暦寺も僧侶の身で私を裏切り、殺そうとした。だから再興させせぬ」とも言いました。それ以後、比叡山は長年再興されませんでしたが、のちに家康が再興して、今に続いています。

比叡山焼討ちに、将軍の追放。いずれも歴史上の大事件ですが、『三河物語』でそれらに触れているのは、実はここまで。この後、作者・大久保彦左衛門忠教《おおくぼひこざえもんただたか》の「毒舌」が披露されます。せっかくなので、本人に語ってもらうとしましょう。

『信長記《しんちょうき》』に対する不満　――我慢ならない大久保彦左衛門忠教――

信長どののことを書いた『信長記』を見ると、嘘が多い。3分の1は事実、3分の1は事実に似たこと、3分の1はまるで出鱈目《でたらめ》だ。これは『信長記』の作者（小瀬甫庵《おぜほあん》）が、自らの才覚に任せ、贔屓《ひいき》の者をよく書いているからだ。

例えば、さまざまな合戦の場面を描いているが、当時はまだ十代前半の西も東もわからぬ小せがれのはずの、後に有名となる武将を「そこで比類なき手柄を上げた」などと登場させている。どこで聞いてきたのやら。

長篠《ながしの》の戦いでも、なかった手柄を「組み討ちにした」と書いてあったり、一度も大将になったことがない武将を「大将になった」と書いたりしている。長篠の戦いのことだけでも、他にも嘘だらけ。ええ加減にせえ。

たびたびの合戦において腰抜けで、後ろ指をさされた者を鬼神のように書いてあり、逆にたびたび名を上げて国中に知れわたっている勇士の名を書いていない。また、力のない者を実力者とも書いている。これらは全て嘘だ。実力者と書いてある人物の中で一人前の者は一人もいない。結局、力はないが口先のうまい者が多い。

このような出鱈目を色々と書くのは、作者が、自分が好きな人間たちのことを脚色するからだろう。それなら作者は知恵があってないようなものだ。（先程は才覚があるかのように書いたが、ないわ）

こうしたことから、『信長記』は嘘が多いと評判になった。**ざまあみろ**

私は、家康さまのご先祖のあらましを『三河物語《みかわものがたり》』に書きとめた。ここに書かれていることに、嘘は一つもない。後の世でも今の世でも、嘘だと言う人はおそらくいない。**絶対いない！　いても許さない！**

しかし、これは人に見せるために書いたわけではない。大久保家の子孫に対し、松《まつ》平《だいら》の8代広忠《ひろただ》さま、9代家康《いえやす》さまに続き、今の大御所の秀忠《ひでただ》さま、3代将軍家光《いえみつ》さま以後の何代も徳川家によく奉公せよ、と伝えたかったからなのだ。

元和《げんな》8（1622）年4月11日
息子にこれを譲る。門外不出である。
大久保彦左衛門（決まった……）

まとめ　作者大興奮！

作者の大久保彦左衛門忠教が言い放ちます。

「流行《はや》っている『信長記』？　あんなの嘘ばっかじゃ！　え？　ワシ？　本当のことしか書いとらん！　ただな……、これは人に見せるために書いたんじゃない、子孫のみ。ずっと長く徳川家に命がけでご奉公せよ、という教訓。門外不出。以上！」

家康に対する敬意と名門譜代衆大久保一族の矜持《きょうじ》、それを語り継ぐ彦左衛門の覚悟が詰まっています。これが本物の三河武士なのです。

繰り返しますが、家康は本当によい家臣たちを持っていました。

天下の章

家康と三河武士、天下を獲る

10 惨敗——人生最大の敗北

元亀《げんき》3（1572）年【30歳】 三方ヶ原《みかたがはら》の戦い

東より迫る、大軍勢。引きとめる家臣らをふりほどき、徳川家康《とくがわいえやす》（30歳）は浜松城《はままつじょう》を出陣します。城の前を悠々と通過する敵は、当時最強を謳《うた》われた武田信玄《たけだしんげん》（51歳）。家康との遠江《とおとうみ》（静岡県西部）分割の約束を反故《ほご》にした信玄は、徳川領に侵攻して二俣《ふたまた》城《じょう》を落とし、浜松城はあえて攻めずに素通りして、三河《みかわ》（愛知県東部）に向かう構えでした。行軍する3万の武田軍の背後から、8000で戦いを挑んだ家康。しかし、その動きを信玄はすべて読んでいたのです……。家康の生涯で最大の惨敗となる三方《みかた》ヶ原《がはら》の戦いですが、徳川勢の働きは信玄に「侮《あなど》れない敵」と言わしめました。

見どころ　家康《いえやす》、家臣に鉄砲撃ちのコツを指南

元亀3（1572）年、上洛を目指す武田信玄が「天竜川《てんりゅうがわ》の東までは武田が取ると約束してあったはず。なのに、徳川が遠江全体・大井川《おおいがわ》まで領地だというのは納得がいかぬ。いざ合戦だ！」と宣戦布告をしてきました。いや、**大井川が境だったはずですが……。**

信玄は甲斐・信濃から遠江へ出陣し、木原《きはら》、西島《にしじま》に陣を置いた。家康も居城があった浜松から、見付《みつけ》の原《はら》へ急いで出陣します。

家康軍が木原、西島を偵察していると、敵がこれを見つけ、しゃにむに騎馬で攻め寄せてきました。

「見付の町に火を放ち退却すれば、敵は不案内な土地なので追撃が遅れるだろう」と火を放って退却しますが、予想は外れ。敵は土地をよく知っていて、上の台まで騎馬で追いかけてきたのです。

そのとき、大久保忠核《おおくぼただざね》（『三河物語』作者の兄）はとって返して鉄砲を撃ちますが、1〜2間（2〜4メートルほど）しか離れていないのに、外してしまいました。

戻ってきた偵察隊に家康が「どうして撃ち損じたのだ」と聞くと、忠核は「私が臆病風に吹かれ、撃ち外したのでしょう……」と言います。

すると、家康が「いや、お前が臆病だったというわけではない。遠くから追い立てられて退却したのだから、息が上がっていただろう。そして、おそらく鉄砲の中ほどに手を添え、火皿の下を握り撃ったのではないか？」と言ったので、「お言葉通り、そうしました」と忠核が答えます。

家康は「そうして撃つと、息を吸う時は筒先が上がり、吐く時は筒先が下がるものだ。特に追い立てられた時の息づかいは、普段とは異なる。外れたのももっともだ。お前が臆病だったわけではない。今後は常に、両手とも引き金の下を持って撃つとよい。どんなに息を荒くついても狙いが狂わない。以後、そう心得よ」と助言しました。

家康は家臣たち一人ひとりをよく見て相手をし、士気を常に上げようとするような人

物でした。

二俣城《ふたまたじょう》の落城

信玄はまず二俣城に向かい「一気に攻め落とそう」と言いますが、重臣の山県昌景《やまがたまさかげ》と馬場信春《ばばのぶはる》の二人が周辺を馬で回ってきて「いや、この城は土塁が高く草原が近いので、通常の攻め方ではとても一気に落とすことはできません。竹束《たけたば》を持って矢弾《やだま》を防ぎながら攻め寄せ、水源を奪って水の手を断てばすぐ落城するでしょう」と言いました。信玄は、「そう攻めよ」と許可を出します。

二俣城の西には天竜川、東には小さな川があります。城では、岸辺の高い崖《がけ》に滑車《かっしゃ》をかけて水を汲んでいました。天竜川は水の流れが激しいのですが、武田軍がいかだを組んで上流から何度も流し、釣瓶《つるべ》の縄を切ったのです。このため水を汲めなくなり、城は落ちました。

いよいよ信玄と決戦 ―― 三方ヶ原の戦い ――

信玄は、西に同盟を結ぶ勢力が多かったので、三河《みかわ》さらに東美濃《ひがしみの》へ出て、京都へ攻め上ろうとしました。そのため遠江の三方ヶ原や井伊谷《いいのや》を経て三河の長篠《ながしの》へ出ようと、祝田《ほうだ》へ丘から下っていったのです。

元亀3（1572）年12月22日、家康は敵が浜松から3里のところまできたので、合戦を決断します。浜松城で家康が「よし、出陣だ」と言うと、重臣たちが「合戦はいかがなものでしょう……。敵の人数は3万余と思われます。しかも、信玄は熟練の将、たびたびの合戦を経た手練《てだ》れの者です。一方、味方はわずか8000ほどしかおりません、籠城してやり過ごしましょう」と言います。

しかし、家康は「兵数に差があるのは仕方がない。しかし多勢がわが屋敷の裏口を踏み破って通ろうとしているのに、中にいて咎《とが》めだてしない者がいるだろうか？　それと同じで、敵がわが領国遠江を踏み破って通過するのを、多勢だからといって、どうして放置できようか。戦は数の多寡《たか》で結果が決まるわけではない。天運にある！」と言い、城から討って出たのです。

もし敵が祝田へ半分ほど下ったところで、後ろから攻撃をかけたなら、たやすく勝てたかもしれません。しかし、気持ちがはやり、早く仕掛けてしまいました。信玄は合戦慣れしていたので、すぐに軍勢の向きを反転させ、多勢なのに攻撃的な矢印方の**魚鱗《ぎょりん》の陣**を敷きます。それに対し、家康は防御的な**鶴翼《かくよく》の陣**を敷きますが、少しでも多勢に見せようと小勢が鶴の翼で包み込むような陣形をとっても、手薄なのは自明でした。

武田軍はまず足軽たちに投石させます。それを徳川軍は相手にせず、一斉に切りかかると、早速一陣、二陣を打ち破りました。続いて敵は新手を向けてきますが、それも破り、本陣に殺到します。

ところが、その時を待っていたかのように、武田軍は一斉に鬨《とき》の声をあげて攻めかかりました。徳川軍は８０００の兵でしたので、３万余の大敵と粉骨砕身《ふんこつさいしん》競り合うもののの、さすがに信玄の本隊に攻め返されて、さんざんに打ち破られました。

家康は慌《あわ》てることなく、せめてお小姓たちは討たせまいと、馬をあちこち走らせ、丸く味方を集め、退却します。

家康より先に浜松城《はままつじょう》に逃げ戻った者たちは、「殿は討死《うちじ》になさいました」と言いふらしていました。山田正勝《やまだまさかつ》に至っては岡崎城《おかざきじょう》まで逃げ、嫡男・信康《のぶやす》の前で「殿は戦死なさいました」と報告していたが、そんなところに家康が無事に帰って来たので、戦死を吹聴《ふいちょう》した者たちはこそこそあちこちへ逃げ隠れたのです。

この戦いで、信長からの援軍の平手汎秀《ひらてひろひで》と家康軍の青木貞治《あおきさだはる》・中根正照《なかねまさてる》ら多勢の人々が戦死しました。**青木・中根は任された二俣城を守れなかった責任を感じていたから、汚名返上のため、より奮戦したようです。**

さて、信玄は犀ケ崖《さいがけ》で首実検《くびじっけん》をし、そのままそこに陣を置きます。

その頃、浜松城では大久保忠世《ただよ》(作者の長兄)が「こんなに意気消沈していては、敵がますます勢いづきます。諸隊の鉄砲を集めてください。私が率いて、夜襲をかけましょう」と進言しました。家康は諸隊に命じて集めようとしましたが、申し出る者はなかなかいませんでした。

やっと諸隊から20、30挺ばかり申し出がありました。忠世は、自分の鉄砲隊を加えて100挺ばかりを率いて犀ケ崖に行き、つるべ撃ちで敵陣にさんざん撃ち込みます。

これを見た信玄は、「勝つには勝ったが、なかなかの敵だった。こちらも有能な武将を多く討ち取られた。これほどの負け戦の後は統制が難しいのに、今の夜襲はすごかった」と、そこを退いて井伊谷に入り、予定通り三河の長篠へ出ました。

武田軍がさらに進撃している途中に、野田城《のだじょう》がありました。武田軍は攻め寄せますが、鉄砲を撃たれて近寄ることができません。それならとまた竹束を作り盾にして、「亀の甲」と呼ばれる戦車まで作って攻め寄せました。昼夜少しの間もなく、鉦《かね》、太鼓を打って攻め続けますが、時間だけが過ぎていきました。

野田城には菅沼定盈《すがぬまさだみつ》、松平忠正《まつだいらただまさ》が援軍に加わっていたため、びくともしなかったのです。しかし、日数が経つと、武田軍は二の丸、三の丸を攻め取り、敵勢を本丸に閉じ込め、ついに降参させました。

武田軍は敵勢を二の丸へ移してシシ垣を組み、そこへ人質として押し込みましたが、菅沼定盈、松平忠正は各城との人質交換により、その場から逃れることができました。

信玄は、野田城を攻めているうちに病にかかり、落城させた後さらに西上することもできず、本国の甲斐へ引きあげる途中で重篤になり、信濃の駒場《こまんば》で亡くなりました。

あのまま信玄が生きていれば、信長も大苦戦したでしょう。ツイています。

まとめ　生涯唯一の大敗

元亀2（1571）年、関東の北条氏康《ほうじょううじやす》が亡くなると、（もはや今川は滅亡したので）武田と北条の同盟が復活、武田信玄の矛先《ほこさき》は西の遠江・三河へと向いました。元亀3（1572）年10月3日、信玄は2万2000の兵を率いて甲府を出発し、まずは天竜川沿いの二俣城を目指しました。この時、山県昌景の別働隊3000は、奥三《おくみ》河《かわ》の「山家三方衆《やまがさんぽうしゅう》（菅沼定忠《さだただ》・奥平貞能《おくだいらさだよし》・菅沼正貞《まささだ》）」を味方につけ、三河から遠江への援軍を通さないようにしたので、徳川家康は8000の兵のみで武田軍に対峙《たいじ》することになりました。

10月26日、「一言坂《ひとことざか》の戦い」で両軍は激突しますが、徳川軍が敗れます。信玄はさらに水を断つ作戦で二俣城を攻略後、12月22日には家康の本拠地・浜松城に迫りました。織田信長から3000人の援軍は来ていましたが、合わせても1万1000で、山県隊が合流した武田軍は2万5000と倍以上います。

当然、家康は籠城戦を覚悟するのですが、信玄はあえて攻めず、素通りすることにしました。屈辱に感じた家康が、一部の家臣たちの反対を押し切り城から出て、日が暮れていく中で野戦を挑みますが、きちんと陣形を整える余裕もないまま、4分の1＝2000の兵を失う大敗を喫しました（左翼の本多忠勝《ほんだただかつ》の隊と、右翼の酒井忠次《さかいただつぐ》の隊はよく戦いましたが）。

追い詰められた家康は討死を覚悟しますが、思いとどまらせたのは譜代衆たちでした。「三河の一向一揆」では敵対した夏目吉信《なつめよしのぶ》は、浜松城の守りを任されていました。

彼は城から飛び出て戦場に駆け付けると、「私が大将の家康だ！」と叫び身代わりとなり、残ろうとする家康の馬の尻を叩いて強引に浜松城に向かわせ、自身は討死しました。

二俣城を失った青木貞治と中根正照は汚名を晴らそうと三方ヶ原で奮戦して討死、本多忠真《ただざね》や鳥居忠広《とりいただひろ》、信長からの援軍の平手汎秀も戦死しました。

山県昌景の「赤備え」に追撃された家康は、馬の背にしがみつき脱糞しながらも何とか城に逃げ帰り、あえてすべての城門を開けてかがり火を焚きました（強がりの家康は尻の汚れを指摘した家臣に「これは味噌だ」としらばっくれつつ）。

山県隊は警戒し、突入せず引き揚げます。この日の夜、**大久保忠世と天野康景《あまのやすかげ》は、武田軍に一矢《いっし》報いるため犀ヶ崖《さいががけ》の武田軍に夜襲をかけ、まだまだ士気が高いことを見せつけます**（この夜、城内で家康が自省のため描かせたという「しかみ像」は現在の研究では否定されています）。ただし、**九死に一生を得て、この大敗の中から学んだことは大いにありました。**また、**「甲斐の虎」信玄から逃げず、戦国最強ともいわれ**

る武田の騎馬隊と勇敢に戦い、手ごわい相手だと認められたことで、家康の「海道一の弓取り」としての評判をさらに上げることにつながりました。

結局、信玄は浜松城攻略にはこだわらず、兵を西に進めていきました。しかし年明け後、三河国野田城を攻略中に病を悪化させ、甲府に戻ろうとする途中、信濃国駒場で亡くなりました。

11 駆け引き――武田《たけだ》軍との攻防続く

天正《てんしょう》2(1574)年【32歳】 武田勝頼《かつより》、出陣

敵将・武田信玄《たけだしんげん》の死は、劣勢だった家康《いえやす》にとって幸運でした。絶対的なカリスマを失った武田の隙をついて、家康は反撃に転じます。さっそく、信玄に奪われた三河《みかわ》の長篠城《ながしのじょう》を奪還しました。長篠城は、三河国と遠江国《とおとうみのくに》の国境にあり、三河国から信濃国《しなののくに》に通じる交通の要衝《ようしょう》に位置する、地理的にも戦略的にも重要な場所でした。さらに、家康は遠江国へ軍を進め、武田側の犬居城《いぬいじょう》を攻め立てます。一方、信玄の跡を継いだ武田勝頼(28歳)も攻勢に出ます。勝頼は軍を立て直し、遠江国へ侵攻。徳川側の高《たか》天神城《てんじんじょう》を攻撃します。

見どころ

戦場の首強盗 ―― 新旧家臣の争い ――

元亀《げんき》4（1573）年、徳川《とくがわ》家康は遠江国の浜松城《はままつじょう》から三河国の岡崎城《おかざきじょう》へ向かう途中、（武田方となった）奥三河の長篠城の武力偵察にやってきました。火矢を射させてみたところ、どんどん焼けたので、そのまま押し寄せて攻めました。

信玄の死は遺言で隠されていましたが、事実上の後継者となっていた武田勝頼（勝頼の子が正式な後継）が、援軍を差し向けます。徳川軍は構わず攻撃し、城には兵糧《ひょうろう》米がなかったので、すぐに降参を申し出ました。家康は、城兵たちの命を助ける条件で和議を結び、7月に城を獲りました。**長篠城主の奥平貞能《おくだいらさだよし》・貞昌《さだまさ》父子は、秘されていた信玄の死を疑い、徳川方に寝返った**のです。

家康は、長篠城の修築・拡張工事をし、兵糧米を運び込んでから貞昌（のち家康の長女亀姫《かめひめ》を正室とする）に城を渡し、帰陣しました。

その後、勝頼は一族の重臣・穴山信君《あなやまのぶただ》〔梅雪《ばいせつ》〕を遠江へ出撃させました。彼は森という地に陣を置き、あちこちを放火して田を刈り取り、略奪をします。

家康は浜松城に戻っていましたが、敵が攻めてきて略奪行為をしていると聞き、家臣団がわれ先にと駆けつけ、乱暴する敵を追い込んで、あちこちで首を獲りました。

そんな折、大久保忠佐《おおくぼただすけ》（作者の次兄）が手柄を立て、首を提げて帰陣するところへ、「徳川四天王」の一人・榊原康政《さかきばらやすまさ》配下にいた新参の上方（京都方面）からの牢人《ろうにん》が来て、仲間と7～8人がかりで羽交い絞めにすると、忠佐が獲った首を奪っていきました。

忠佐はひどく腹を立てましたが、どうしようもなく帰城します。

やがて、榊原康政が例の牢人を連れて、家康の御前に出ました。これを見た戸田忠次《とだただつぐ》が急いで大久保忠佐に知らせたところ、忠佐は大いに感謝し、康政と浪人が退出しないうちに、御前へと急ぎました。戸田も「自分が証人になってやる」と同行します。

忠佐は、「あの者が殿に差し上げた首は、私が討ち取ったものです。多くの者が見ています。首を引っ提げて帰陣しようとしたところ、牢人ども7～8人が横取りしていきました。我らに限らず、奉公が長い多くの譜代衆は、たとえ知行を頂かなくても、妻子を顧《かえり》みず一命を捨てて戦働きをしてきました。一方、あのような新参の牢人者は、殿が過分の知行をお与えになり、部下も増えるので、確かに働きぶりが目立ちますし、いつもこのように他人の手柄を奪います。小身の私のような者はどう励んでも、大した奉公にはなりません。ただし、彼らは待遇がよい時は味方になりますが、時運が悪くなるとすぐ去ります。譜代衆は、良い時も悪い時も主家に飼われた忠犬です。決して逃げ出さぬのに、ありもしないこやつらの手柄をお認めになるのは、まことに不本意であります！」と言いました。

榊原康政が「忠佐、何を言うか！　私の配下の手柄ははっきりしている。殿、納得がいきませせぬ」と言ってきたので、忠佐は「誰が本当の事を言っているか、貴殿にわかるものか。見たわけでもないのに、不用意なことを申されるな！　どんなに配下を庇《かば》おうとも、ないことをあったことにはできぬ」と言いました。

一連のやり取りを聞いた家康は「忠佐、もうよせ。家中にそなたの武勇にけちをつける者などおるまいて。胸に収めておけ」と言いました。

家康の胸中を察した忠佐は、恐縮して御前を引き下がりました。例の牢人たちは、家中に居づらくなり、どこかへ消えました。

主従互いの思いやり

天正2（1574）年4月、家康は遠江国内の犬居城へ十分な兵量を準備せずに攻撃を仕掛けました。4月6日、家康軍は田能《たのう》、大窪村《おおくぼむら》で敗退し、多数が戦死しました。家康は、後方で鉄砲が聞こえるが、どんな情勢かと心配していたところで敗戦の報を聞き、驚いて引き上げました。

その時、大久保忠世《ただよ》（作者の長兄）は、配下の杉浦久蔵《すぎうらきゅうぞう》の負傷に気づいて馬を飛び降り、引き起こして乗せようとしました。しかし久蔵は「こんなところで馬を降りなさるな。私のような軽輩は討ち死にしても差支えないが、大将が馬を離れるべきではない。私は絶対に乗りませんぞ」と、固辞《こじ》しました。

忠世が「遠慮はわかるがそんな時ではない、早く乗れ」と再度急《せ》かすと、久蔵は

「私が代わりに馬に乗り生きながらえても、大将を見殺しにしては納得できませぬ。絶対に乗りません！」とどうしても乗ろうとしないので、これ以上は時間の無駄と考えた忠世は「乗るなら乗れ。いやなら馬を捨てよ」と、言い放ち、久蔵と馬を置いて走って退却しました。

そのうち小者《こもの》の児玉甚内《こだまじんない》が引き返してきて、「忠世さまは無事に退却された、早く馬に乗れ」と言い抱きかかえるように立たせて馬に乗せると、自身は走りながらまた忠世に付き従っていきました。

西ばかり向いていた信長が東にも目を向ける

織田信長《おだのぶなが》は、妹の亀姫が長篠城の奥平信昌《のぶまさ》に嫁ぐことに不満を抱く、徳川家康の長男・信康《のぶやす》の相談に乗り「よいではないか、家康どのの判断に任せよ」等と諭《さと》したこともありました。

天正2（1574）年に、勝頼が遠江国に出陣して高天神城を攻撃した時も、信長は援軍として出陣し、三河国吉田城《よしだじょう》に入りました。

しかし高天神城主の小笠原長忠《おがさわらながただ》が在城のまま徳川方から武田方に寝返ったので、信長は援軍の意味がなくなり、尾張《おわり》・美濃《みの》へ引き返しています。

まとめ

次回「長篠《ながしの》の戦い」の予告編

今回は、次回の前フリです。譜代衆《ふだいしゅう》と新参者の揉《も》め事にまつわる家康主従のイイ話、大久保忠世主従のイイ話、清洲《きよす》同盟(織田・徳川)どうしのイイ話が連発され、その中で「長篠の戦い」が起きた経緯を説明しています。

12 リベンジ——宿敵・武田《たけだ》を完全撃破！

天正《てんしょう》３（１５７５）年【33歳】　長篠《ながしの》の戦い

家康《いえやす》から遠江《とおとうみ》の高天神城《たかてんじんじょう》を奪取した武田勝頼《たけだかつより》（29歳）は攻勢を強め、三河《みかわ》の長篠城を奪回しようと、１万５０００の兵で城を包囲します。

５００の兵で長篠城を守っていた城主・奥平貞昌《おくだいらさだまさ》は、鳥居強右衛門《とりいすねえもん》を使者として約65キロメートル離れた岡崎城《おかざきじょう》に送りこみ、信長《のぶなが》と家康に援軍を要請。両軍はすぐに出陣し、いよいよ織田・徳川軍と武田軍が激突します。

見どころ

勘違いの謀反人と正しい妻

天正３（１５７５）年のこと。家康の譜代衆《ふだいしゅう》に、もとは中間《ちゅうげん》（足軽と小者の間）だった大賀弥四郎《おおがやしろう》という者がいました。彼は、三河国《みかわのくに》で20ヵ所もの代官という大きな役目を受け、豊かに暮らしていました。しかし、それに驕《おご》ったのか謀反《むほん》を企て、大恩ある家康を討ち、岡崎城を自分の物にしようとしたのです。

弥四郎は敵の武田勝頼に内通します。彼が勝頼に送った書状には、「ぜひとも岡崎へ。城を獲り、家康父子が腹を切ることは確実です。私が城へ入ったら、まず息子の信康《のぶやす》を討ち取ります。すると兵はみな家康に背き降参を願い出て、勝頼どのの配下となるでしょう。忠誠心の篤《あつ》い大久保《おおくぼ》一族だけは別ですが、彼らは小勢ですからご安心を。最終的に徳川父子の首を持ってまいりましょう」と書かれています。これを受け取った勝頼は喜び、「よし、この計画に乗ろう。急げ！」と、軍勢を進めたのです。

しかし、仲間の一人が家康に密告しました。弥四郎は、計画が筒抜けとは夢にも思わず、女房に「謀反《むほん》してご主君を討つ」と言うと、女房は本気にせず「ご冗談を」と相手にしません。弥四郎が重ねて「決して嘘ではない」と真顔で言うと、女房は「本気ですか？　ああ、天運が尽きた……。家康さまのおかげで、何一つ不自由なく過ごせたのに、何が不足で謀反を企てるのか。思いとどまりなさい。でなければ、私と子どもを刺し殺してから謀反してください！」と、必死で翻意《ほんい》を促しました。しかし弥四郎は「お前を岡崎城に入れ、殿さまになった私の御台所《みだいどころ》と呼ばせてやりたいのだ」聞き入れません。妻はあきれ果て「稲は実れば頭《こうべ》を下げるというが、人は年を取ると逆に偉そうに反り返るという。勘違いとはあなたのことよ」と言い、あきらめてその後は物も言わなくなりました。

家康は、弥四郎を捕らえると、岡崎と浜松を往復で引き回し、途中、磔《はりつけ》にされている女房・子ども5人を、弥四郎に見せました。彼も岡崎で処刑されます。

勝頼はすでに出陣していましたが、計画倒れになったので各所で戦いつつ、長篠城の攻撃にかかります。一方、家康と信康は野田城《のだじょう》へ向かいました。

天晴《あっぱ》れ、鳥居強右衛門

信長と嫡男・信忠《のぶただ》も三河国へ出陣しました。しかし、長篠城は勝頼率いる1万5000の兵に激しく攻められ、早くも窮地に立たされていました。わずか500の兵で耐える城主の奥平貞昌は、家臣の**鳥居強右衛門**を「徳川さまの援軍は来るのか、確かめてこい」と送り出しました。

強右衛門が家康の下にたどりつくと、大軍で到着していた信長は喜び、「もちろん救援に行く」と約束しました。強右衛門は、朗報を伝えるために長篠城へ戻ろうとしましたが捕らえられ、武田勝頼の前に引き出されました。

勝頼が「言う通りにするなら、命を助けるだけでなく甲斐国《かいのくに》へ連れて帰り、知行地《ちぎょうち》を与えてもよい。ただし、その前にいったん磔にして長篠城の者どもに見せるので、『信長どのの援軍は来ない。城を明け渡せ！』と叫べ」と裏切りを勧めました。すると強右衛門は「命をお助けいただけるどころか、知行地までくださるとは本当にありがたい。すぐに城の近くにお連れくださいませ」と言ったので、その通りにしました。

すると、磔にかけられた強右衛門は、長篠城の人々に大声で「勝頼に『援軍は来ないと言え。そうすれば、命を助け知行地をやる』と言われたが、信長どのは岡崎まで、信忠どのは八幡《やわた》まで来られた。先鋒はすでに一《いち》の宮《みや》、本野《ほんの》が原《はら》だ。家康さまと信康さまは野田城を固められた。3日の内に形勢は逆転すると、殿や家臣一同へ伝えろ！」と叫んだのです。激怒した武田方は、「逆に敵を励ましておるではないか。黙らせろ！」と騒ぎ、強右衛門を槍で刺し殺しました……。

酒井忠次《さかいただつぐ》の活躍

「徳川四天王」の筆頭・**酒井忠次**が信長の前に来て「長篠城の東南に、武田軍の拠点・鳶巣山砦《とびがすやまとりで》があります。南の方から回り攻め入るのは簡単です。よろしければ、三河《みかわ》武士《ぶし》を引き連れ、私が参りましょう」と進言すると、信長は喜び、「なるほど、早速かかれ」と命じました。

忠次はこれを家康に伝え、別働隊を率いて鳶巣山砦を奇襲し、長篠城を救ったのです。信長は、「忠次は、日ごろ武名を耳にしていたが、なるほどその通りの人物だな。眼が前後に10もついているようだ」と絶賛されました。

長篠の戦い

天正3（1575）年5月21日、織田・徳川連合軍10万余（実際は3万8000？）の軍勢が、連吾川《れんごがわ》を前に丈夫な**馬防柵《ばぼうさく》**を設営して待ち構えていました。長篠城を攻めあぐねた勝頼は、わずか2万余（実際は1万3000？）の兵で進みます。雨も上がった早朝、ついに両軍は**設楽原《したらがはら》**で激突しました。しかし、織田・徳川連合軍は、柵の外へ出ることなく、**鉄砲隊**など足軽を中心に戦います。特に信長軍は柵際まで押し寄せられると、さっさと柵内に引き揚げます。それに対し、家康軍は**大久保忠世《ただよ》・忠佐《ただすけ》兄弟**（作者の兄たち）を出撃させました。兄弟は敵が攻め寄せれば引き揚げ、退却すると攻撃し、大勢の部隊を采配《さいはい》し見事に動かしました。

これを見た信長が、近習《きんじゅう》に対し「家康軍の前方にいる金のアゲハ蝶の羽と浅黄《あさぎ》の石《こく》餅《もち》の旗指物《さしもの》の2人は、敵か味方か見てこい」と言ったので、近習が尋ねると、家康は「いやいや、敵ではない。古参の譜代衆だ。金のアゲハが大久保忠世で兄、浅黄の石餅が忠佐で弟だ」と言いました。

それを聞いた信長は、「徳川どのはよい家臣をお持ちだ。自分に彼らほどの家臣はいない。あの兄弟はよい膏薬《こうやく》のようなものだな。敵にべったり付いて離れない！」と称賛しました。

武田軍も、土屋昌続《つちやまさつぐ》、内藤昌豊《ないとうまさとよ》、山県昌景《やまがたまさかげ》、馬場信春《ばばのぶはる》、真田信綱《さなだのぶつな》など、たびたび合戦で名を馳せた武将たちを入れ替えては、真っ向からひたすら攻め寄せましたが、彼らは雨脚のような鉄砲に当たり、戦死してしまいます。内藤は、最後に家康の本陣に突撃しますが、「徳川四天王」の**本多忠勝《ほんだただかつ》**・**榊原康政《さかきばらやすまさ》**が防ぎました。

勝頼は「馬場と山県が戦死すれば、もはや結果は見えた……」と悲観し、陣が乱れる中、信濃国《しなののくに》の高遠《たかとお》へと退却しました。

武田軍は1万もの将兵を失ったので、織田・徳川連合軍は、追撃すれば甲斐国まで獲ることができたでしょうが、しませんでした。

家康は奥平貞昌を呼び寄せ、「少数の兵で城をよく守ってくれた。その誉れは大変

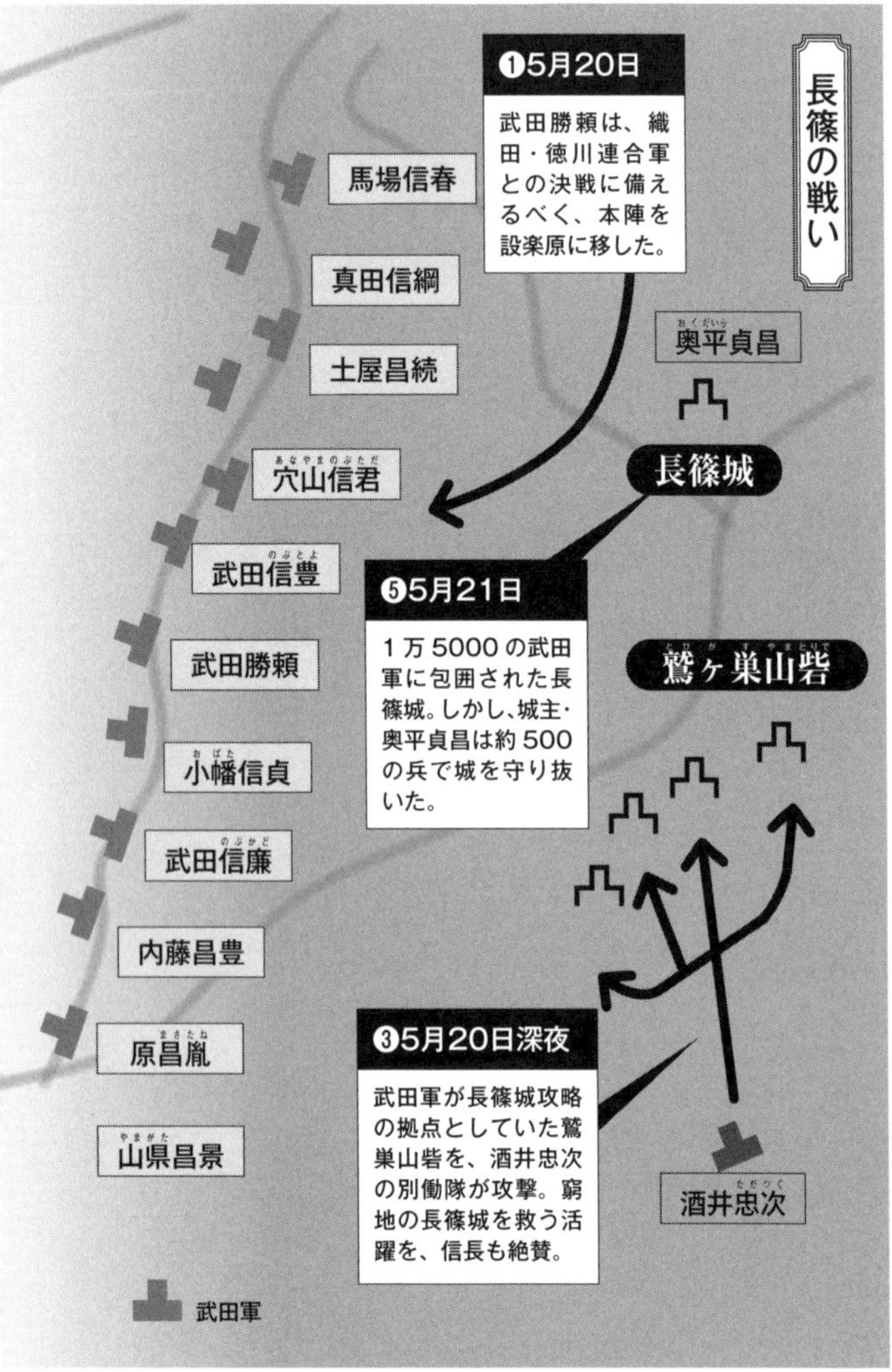
長篠の戦い
❶5月20日
武田勝頼は、織田・徳川連合軍との決戦に備えるべく、本陣を設楽原に移した。
馬場信春
真田信綱
土屋昌続
穴山信君《あなやまのぶただ》
武田信豊《のぶとよ》
武田勝頼
小幡《おばた》信貞
武田信廉《のぶかど》
内藤昌豊
原昌胤《まさたね》
山県《やまがた》昌景
奥平《おくだいら》貞昌
長篠城
❺5月21日
1万5000の武田軍に包囲された長篠城。しかし、城主・奥平貞昌は約500の兵で城を守り抜いた。

鷲《とび》ヶ《が》巣《す》山砦《やまとりで》
❸5月20日深夜
武田軍が長篠城攻略の拠点としていた鷲巣山砦を、酒井忠次の別働隊が攻撃。窮地の長篠城を救う活躍を、信長も絶賛。
酒井忠次《ただつぐ》
武田軍

❷5月20日
武田軍は連吾川を挟み、設楽原に着陣。それを知った信長は、眼下に戦場をのぞむ茶臼山に本陣を移した。
丹羽長秀
佐久間信盛
羽柴秀吉
馬防柵
茶臼山《ちゃうすやま》
滝川一益《かずます》
松平信康
織田信忠
石川数正
徳川家康
本多忠勝
織田信長
榊原康政
設楽原
連吾川《れんごがわ》
大久保忠世《ただよ》
❹5月21日
早朝、武田軍が織田・徳川軍に突撃をかけるが、馬防柵に行手をふさがれたところに、鉄砲隊が一斉射撃。馬場信春、山県昌景ら歴戦の名将を失った武田軍は敗走する。
豊川
織田軍
徳川軍

合戦データ
天正3年（1575）4月〜5月

織田・徳川軍	VS	武田軍
約3万8000	兵力	約1万5000
織田信長 徳川家康 柴田勝家 丹羽長秀 羽柴秀吉 滝川一益 本多忠勝 酒井忠次 奥平貞昌	主な武将	武田勝頼 馬場信春 山県昌景 穴山信君 内藤昌豊 小山田信茂 三枝守友《さえぐさもりとも》 真田信綱

なものだ」と褒め称えました。さらに、大久保忠世・忠佐の兄弟に、「今回の働き、見事であった。お前たちのお陰で戦に勝てた」と賛辞を贈りました。

まとめ 武田とのリベンジマッチ ――長篠〔設楽原〕の戦い――

三方ケ原《みかたがはら》の大敗から3年後。奥平貞昌の守る奥三河《おくみかわ》の長篠城を、武田勝頼が1万5000人の大軍で取り囲みました。

家康・信康父子は8000人の兵を率いて助けに向かうとともに、同盟相手の信長・信忠に援軍を要請します。信玄《しんげん》の死後も弱体化しない武田勢とは、いつか戦う運命にありましたから、1000丁の鉄砲を備えた3万人の大軍で駆け付けます。

結果、織田の足軽鉄砲隊と徳川の譜代衆の活躍で、戦国最強「武田の騎馬隊」を打ち破りました。

家康は、同盟相手の信長から、家臣団を含めさらに厚い信頼を得ることになりました。5年前の姉川《あねがわ》の戦いの時に比べ、倒した敵のブランドはそれほどに価値があったのです。また、三方ヶ原の敗戦で**浜松城《はままつじょう》まで追いかけられトラウマになっていた「山県の赤備え」の大将・昌景を討ち取った**ことは、家康個人としては大きな転換点となったことでしょう。

13 悲劇――家族を犠牲に、信長《のぶなが》への忠誠示す

天正《てんしょう》7(1579)年【37歳】 嫡男《ちゃくなん》・信康《のぶやす》切腹

信長(41歳)・家康《いえやす》(33歳)連合軍の一方的な勝利となった長篠《ながしの》の戦いは、東海《とうかい》地方の勢力図に大きな変化をもたらしました。それまで武田《たけだ》の圧倒的なパワーに押されていた家康が、この勝利をきっかけに反転攻勢をかけ、遠江《とおとうみ》・駿河《するが》へと版図を広げていくことになったのです。諸城を攻略し、東へ快進撃を続ける家康の下では、岡崎城《おかざきじょう》を預かる嫡男・三郎《さぶろう》信康が、青年武将としてたくましく成長していました。ところが長篠の戦いから4年後、信康(20歳)の妻・五徳《ごとく》(20歳)が、実父の信長に届けた夫を中傷する手紙により、一大事が持ち上がります。信長からの残酷な命令に対し、家康(37歳)が苦悩の末に選んだものとは。

見どころ　息子の成長 ―― 戦陣で父をサポート

長篠の戦いに勝利した家康は、援軍の礼を伝えるため、すぐに美濃国《みののくに》の岐阜城《ぎふじょう》に信長を尋ねました。

信長は現われるやいなや、「髭《ひげ》は来ておらぬか」と言い放ちます。心当たりでもあったのか、ある者が前に出ると、「いや、長篠の髭のことだ」。ようやく大久保忠世《おおくぼただよ》・忠佐《ただすけ》兄弟（作者の兄たち）のことだと判明しますが、兄の忠世は同行していないので、弟の忠佐だけが進み出ます。すると信長は「おお、お主だ。長篠での奮戦ぶり、手柄は見事である。お前たちほどの者は、わが家中にはいない。よく働いてくれた」と、着物を与えます。忠佐は、大いに面目をほどこしたのです。

遠江国浜松城《はままつじょう》に帰ってきた家康は、武田方に攻略されてきた東遠江を次々に取り返しにかかります。まずは二俣城《ふたまたじょう》を落とし、翌年も順調に各城を攻略しました。

さらに天正５（１５７７）年には小山城《こやまじょう》に攻め寄せます。武田勝頼《かつより》は、後詰《ごづ》めとし

織田・徳川の関係図

同盟の証として、信康と五徳の政略結婚が行われた。

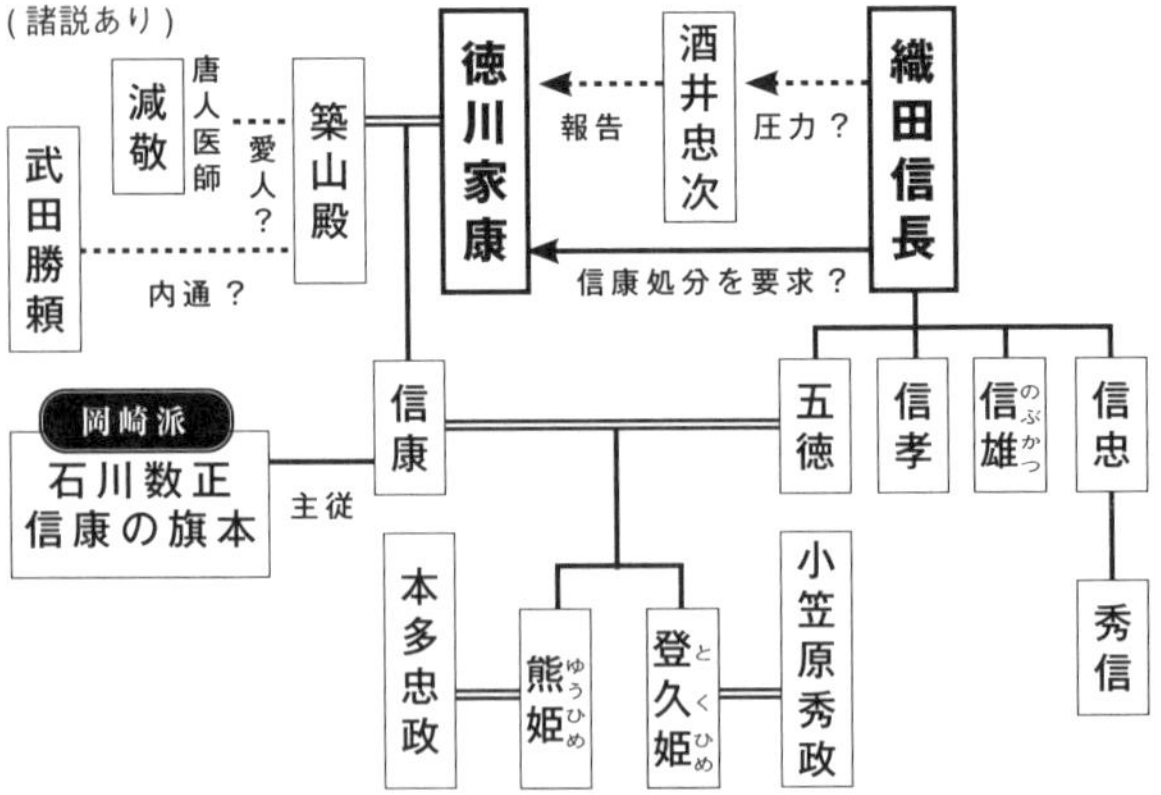

て、長篠の戦いで戦死した者の跡継ぎのうち年齢が12、13歳より上の者や、還俗《げんぞく》（僧侶をやめ俗世に戻ること）した者などまで引き連れ、なりふり構わず駿河国から出陣。先頭が大井川《おおいがわ》を渡り遠江国に入ると、家康は城の囲みを解いて退却しました。

その際、途中までは敵に向かうかたちとなるので、先を進む家康の長男・信康は気にしませんでしたが、その先は敵に背を向けることとなります。信康が「ここからは敵に背を向けることになりますので、まず父上が先にお進みください。親を置いて先に引き揚げる子はおりませぬ」と申し出ると、家康は「訳のわからぬことを言う。早く行け」と押し問答になりました。結局、家康が折れ、信康は後方を殿《しんがり》として整然と進み、引き揚げたのです。**徳川の後継者は、武田の後継者たる勝頼に比べ、自らの命を呈《てい》する立派な武将**でした。勝頼もまた、軍をまとめて駿河へと引き上げました。

信長への忠誠が引き起こした悲劇

それから2年が経過した天正7（1579）年、信康の妻・**五徳**は夫と姑《しゅうとめ》を中傷する12カ条の文書を書き、酒井忠次《さかいただつぐ》に命じて、完成したばかりの近江国安土城《おうみのくにあづちじょう》にいる父の信長に届けさせました。

信長は忠次を傍《かたわら》に呼び、12カ条が事実なのかを一つひとつ確認していきます。忠次が10カ条まで認めると、残り2つについては問わず、「徳川家の老臣・酒井が申すのであれば、疑いない。**信康**は放置できぬ。『切腹させよ』と家康どのに申し伝えよ」と言いました。

忠次は信康のいる三河国岡崎城《みかわのくにおかざきじょう》には寄らず、遠江国浜松城の家康にこれを直接伝えました。聡明な家康はすぐに事態を察します。「……信長どのを恨《うら》むことはしない。わが子が可愛いのは、誰でも同じこと。10カ条までいちいち尋ねられた際『知らぬ』と言ってくれていれば、信長どのとてこうは言うまい。信康は、忠次、お前の中傷により腹を切るのだ。武田という大敵に直面しているいま、後ろ盾の信長どのに背《そむ》くことはできない」と、あきらめるほかありませんでした。

そこへ譜代衆《ふだいしゅう》の平岩親吉《ひらいわちかよし》が進み出ます。彼は、信康の守役《もりやく》を務めていました。「そのような軽々しい決定は、きっと後悔されます。すべては守役の不行き届きとして、私の首を信長どのにお届けになれば疑いも解けましょう」と何度も申し出ます。

家康は「ああ、もっともだ。その志に、礼を申す。ただ、お前の首で信康が助かるのならそうもするが、忠次が信長どのにあのように申し上げていてはどうにもならぬ。このうえ大事な譜代衆のお前まで亡くしては恥の上塗りだ。小国には収まりきらないほど器の大きい信康は、ぜひ後継として私も期待していた。このような形で先立たせるのは、この上なく残念で困惑もしており、親として断腸の思いだ。しかし、今の徳川は、信長どのの支援なくしてやっていくことはできない。可哀そうだが、信康を岡崎城より出せ」と命じるのでした。

信康は岡崎城を出て大浜城《おおはまじょう》、堀江城《ほりえじょう》を経て遠江国二俣城《ふたまたじょう》へと移され、切腹しました。享年《きょうねん》20。

武勇にも非常に優れた信康を中傷した妻の五徳と、口裏を合わせた忠次に対して「ひどい」と言わぬ人はないだろうと、『三河物語』でも嘆いています。また、信康についても、合戦の話と馬と鷹を好み、家康がそなえていた勇敢さも余すところなく持つ大器であり、「これほどの人はもう出ない」と絶賛しています（作者からすれば、1歳上の憧れの若殿でした）。

徳川家中の誰もが嘆き悲しみましたが、信長に従わないわけにはいきませんでした。なお、信康と五徳の間には2人の娘がいました。

まとめ　長男と妻を誅殺 ── 信長との同盟はどのみち切れない ──

信康は家臣たちからの人望が厚く、介錯《かいしゃく》を命じられた渋川四郎右衛門《しぶかわしろうえもん》はそれを拒否し、出奔しました。代わりを命じられた服部半蔵正成《はっとりはんぞうまさなり》も泣き崩れて役目を果たせず、結局は天方道綱《あまがたみちつな》が介錯します。しかし天方は家中で居場所を失い、出家したといいます。

『三河物語』には詳しく書いてありませんが、五徳の姑《しゅうとめ》にあたる家康の正室・築山殿《つきやまどの》〔瀬名《せな》〕も嫡男・信康に先立ち、岡崎から浜松に連行のうえ殺されています。

五徳の12カ条の弾劾《だんがい》状に、武田勝頼が信康と築山殿を味方に引き入れ、織田・徳川連合を滅ぼそうとしている、と書いてあったからです。すなわち、**「信康と築山殿の武田勝頼への内通」が最終的な処分の要因**でした。また、勢力を増した同盟相手の家康にクギを刺すため、娘を使い信長が仕組んだという説も以前から根強いのです。

しかし、これらは五徳の告げ口ではなく、信康の家臣（後方支援が主な岡崎派）と家康の家臣（最前線で戦う浜松派）の対立が原因で家康が仕組んだという説もあり、真相は不明です。そういえば家康は、織田家の重臣・佐久間信盛《さくまのぶもり》の讒言《ざんげん》で武田との内通を疑われた伯父の水野信元《みずののぶもと》（母・於大《おだい》の兄で清洲《きよす》同盟の立役者）を、4年前の天正3（1575）年に石川数正《いしかわかずまさ》・平岩親吉《ひらいわちかよし》に命じて討たせていました……。

どちらにせよ、**強力な後ろ盾である信長との同盟を切ることはできません。**昨今の流行語で説明すると、「清洲同盟」コンビにおいて家康は「じゃないほう」扱いだったからです。単体ではやっていけないのです。

14 決着――武田《たけだ》との最後の戦い

天正《てんしょう》10（1582）年【40歳】 天目山《てんもくざん》の戦い

劣勢とはいえ、まだまだ侮れない存在の武田勝頼《かつより》に対し、家康《いえやす》は大きな勝負に出ます。遠江《とおとうみ》における武田の牙城・高天神城《たかてんじんじょう》攻めでした。天正8（1580）年より、蟻《あり》のはい出る隙間もないほど城を厳しく包囲した家康（38歳）は、翌年、ついに陥落させます。勝頼は要となる城に何ら救援もできず、武田家を支持していた者たちのテンションはダダ下がりとなりました。天正10（1582）年、頃はよしと見た信長《のぶなが》（48歳）は武田攻めに踏み切り、息子・信忠《のぶただ》（25歳）を大将とする大軍を派遣すると、勝頼（36歳）の家臣には裏切る者や逃亡する者が続出。最後の一戦を挑む手勢すら残らなかったのです。戦国最強と怖れられた名門の命運が、尽きようとしていました。

見どころ

駿河《するが》進出の試み ——旧今川《いまがわ》領・現武田領——

天正5（1577）年、長篠《ながしの》の敗戦で三河国《みかわのくに》（愛知県南東部）への進出に失敗した武田勝頼は、再び遠江国《とおとうみのくに》（静岡県西部）に侵攻しますが、家康が追い払い、逆に武田領の駿河国《するがのくに》（静岡県中部）に侵攻しました。

当時、東駿河の黄瀬《きせ》川を挟み、伊豆国《いずのくに》（静岡県東部）も治める関東の戦国大名・北《ほう》条氏政《じょううじまさ》との同盟が決裂して対峙《たいじ》中だった勝頼は、「家康の退路を断とう」と考え、氏政には「追撃したければ、してみよ」と伝えて、富士川方面に戻っていきます。ところが増水で西に渡河できません。一方、勝頼の接近を知った家康は、石川数正《いしかわかずまさ》を殿《しんがり》にして遠江へと撤収します。途中、別方面から攻撃してきた武田勢は、徳川の一門衆《いちもんしゅう》・譜代衆《ふだいしゅう》らが全滅させました。

高天神城奪還と作者の活躍

また、家康は勝頼に奪われていた遠江の高天神城を攻め、三井山砦《みついさんとりで》も奪います。これで以前からの小笠山砦《おがさやまとりで》と合わせて、2つの砦を押さえることになりました。さらに天正7（1579）年、高天神城に対する砦を中村《なかむら》に4つ築き、先の2つと合わせて6つの砦を確保します。

天正8（1580）年8月、家康は高天神城へ総攻撃を始めます。城の周囲に広く深い堀と高い土塁《どるい》を築き、蟻1匹はい出る隙もないような厳重な包囲ぶりです。

城の西は山が高く、抜け出すことは困難です。家康は大久保忠世《おおくぼただよ》（作者の長兄）に「城兵が西に出てくることはないから、番兵は6人だけ置いておけ」と命じました。

武田信玄《しんげん》でも落とせなかったのを勝頼がようやく奪取していた高天神城は堅固です。天正9（1581）年3月の夜、城兵が2手に分かれて攻めかかってきました。一方は彼らが弱点だと判断した場所、もう一方は、家康が番兵は6人でよいと命じた西方面でした。距離を取って布陣していた忠世は、そこに念のため弟の彦左衛門忠教《ひこざえもんただたか》（作者）と腕利きの19騎の計20騎で固めていました。ここに攻め寄せたのは、何と城主の岡部長教《おかべながのり》です。

岡部が名乗らなかったので、城主とは知らぬ忠教は、太刀で岡部を傷つけておいて、配下の者に討ち取らせました。後から城主だったと知った忠教は、「名乗っておれば、自らの手で討ったものを……」と悔しがりました。この夜、高天神城はついに陥落します。

武田と最終決戦 ―― 天目山の戦い ――

天正10（1582）年春、信長が武田攻めに踏み切ると、武田の一門衆である信濃《しなのの》国《くに》（長野県）の木曾義昌《きそよしまさ》が勝頼を裏切り、案内役を務めました。

信長の嫡男《ちゃくなん》・信忠《のぶただ》が信濃《しなの》の高遠城《たかとおじょう》を攻め落とし、勝頼は諏訪《すわ》まで出陣したものの、高遠落城の知らせに甲斐国《かいのくに》（山梨県）へ引き揚げます。この後、譜代衆たちは、次々に去っていき、勝頼はどうしたものかと悩むようになりました。

当時、勝頼の機嫌を損ねて謹慎していた、小宮山友晴《こみやまともはる》という側近がいました。小宮山は、「武田家代々に仕えたわが家の名誉のために、現当主に義理はほぼないが、ともに腹を切る」と決め、後事を弟に託すと、勝頼の面前に出て言いました。

「ぜひ、お供させていただきますが、一言だけ申し上げます。長篠の敗戦後、殿が役に立つと思い身近に置いた者はことごとく逃げ去り、役に立たぬと遠ざけた私が死出の旅を共にいたします。殿の人を見る目は果たして、確かなものだったのでしょうか？」と、痛烈です。

穴山信君《あなやまのぶただ》〔梅雪《ばいせつ》〕は勝頼の姉婿《あねむこ》で、一門衆の筆頭でしたが、勝頼を裏切り家康と内通し出奔《しゅっぽん》したので、勝頼を見限る家臣はいよいよ増えました。

家康は、穴山を先導役に、駿河を経て甲斐に攻め入ります。

すでに織田の先陣は、甲府の躑躅ヶ崎《つつじがさき》館に加え、勝頼が西方の新府《しんぷ》に築いた城に着いていましたが、家康は途中の城攻めに手間取り、また甲斐への道程も美濃《みの》の岐阜城《ぎふじょう》から信濃を経ての東山道《とうさんどう》と、遠江の浜松城《はままつじょう》から駿河を経ての東海道《とうかいどう》では3日分遠いため、少し遅れました。

3月3日、新府城を捨てた勝頼はわずか数十騎となり、夫人を伴い東方の郡内《ぐんない》を領地とする有力な譜代衆・小山田信茂《おやまだのぶしげ》のもとへ向かいます。ところが、前もって使いを送ったところ、小山田一族も裏切り、勝頼を近づけません。それにより、さらに逃亡者が相次ぎ、もはや10騎未満となってしまいました。

やむを得ず勝頼らは、武田氏ゆかりの**天目山**を目指しますが、ここにもすでに寝返った譜代衆がいて矢や鉄砲を放ってくるので、進退に窮しました。仕方なく夫人や嫡男・信勝《のぶかつ》（本来の信玄の後継者）らと河原に敷物を敷いて休んでいると、一行を見つけた織田方の兵が襲いかかってきます。

家臣の土屋昌恒《つちやまさつね》がこれに立ち向かおうとしたのですが、ここまでせっかく従ってきた跡部《あとべ》という者が、この土壇場で馬に乗って逃げ出したので、呆れて射殺しました。どうせなら土屋と同じように華々しく散ろうとすれば、後世に名を残したのに、跡部は完全に晩節を汚しました（この跡部勝資《かつすけ》は、最期まで勝頼の供をしたとする説が一般的ですが……）。

土屋はその後、敵に向き直り勇猛に駆け出し、縦横に馬上から射てまわり、多くの敵を散々に討ち取りました。やがて最期と覚悟し、勝頼のもとに戻った土屋は、夫人やその侍女たちに別れを告げると、勝頼・信勝父子の介錯《かいしゃく》を務めたのち、自らも腹を十文字にかき切り、供をしたのです。その見事な振る舞いは「古今通じて、稀《まれ》なことだ」と、土屋を褒《ほ》めない者はいませんでした。先に出てきた小宮山友晴も、討死を遂げています。彼らの死にざまは素晴らしいものでした。

その後、勝頼父子の首を見届けた信長は、「日本中に名が通った素晴らしい武人であったが、運が尽きてこうなってしまったのだな……」と語ったといいます。

信長は武田領の分配について、信濃国以外の上野国《こうずけのくに》（群馬県）を重臣・滝川一益《たきがわかずます》に、甲斐国《かいのくに》を河尻秀隆《かわじりひでたか》に与え、駿河国を徳川家康に与えました。そして、「富士をひと目見よう」と、甲斐から富士川《ふじかわ》沿いに駿河に出て、徳川領の遠江、三河を経て自領である尾張《おわり》や美濃に戻りました。

家康はほどなく、武田攻めの御礼を述べるため少人数で安土城《あづちじょう》に行き、その後、信長と連れだって京に上りました。そして信長が「堺《さかい》を見物してこられよ」と言うので、家康主従は堺に赴くのです。

まとめ　微妙な気分の家康と徳川家臣団

合戦の場面が増えてくると、武官タイプであるという意識が強い大久保一族の自慢話が当然入ってきますが、それはご愛敬《あいきょう》。というか、命がけなので当たり前のことです。それだけ譜代衆は身体を張ってきました。

勝頼の側近の最期についても記述が及んでいるのは、**作者が家臣としての「生きざま」「死にざま」にこだわっている**ことが窺《うかが》い知れます。

また、同盟相手の信長に対してもそれは同様です、姉川《あねがわ》の戦い、三方ヶ原《みかたがはら》の戦い、長篠の戦いなどを通じ、（信康《のぶやす》・築山殿《つきやまどの》の内通問題なども含め）織田・徳川は関係を深めてきました。西は天下を獲る織田、東はその協力をする徳川、という役割分担だったはず。ところが、**そこまで同盟を大切にしてきても、結局、信長が家康に渡したのは駿河一国でした。**もともと三河国を領土とし、自力で遠江国を領土としてきた徳川主従は、**ここまで命を張ってきて、結果的によく考えたら、人質として過ごした当時の今川氏の旧領（駿河・遠江・三河）を引き継いだだけ。**

「**信長どの、それはないのでは？**」という部分が出ていて、それが本能寺の変の後、また関ヶ原の戦いの後を含め、家康が最終的に信長の死後は織田家をほぼ尊重しなかったことにつながっているのだな、と思わせてくれます。

15 窮地――信長《のぶなが》、本能寺《ほんのうじ》に死す！

天正《てんしょう》10（1582）年【40歳】　本能寺の変《へん》

「是非《ぜひ》に及ばす（仕方あるまい）」。信長（48歳）は、そう口にしたといいます。武田《たけだ》家が滅んでからわずか3ヵ月後の天正10（1582）年6月2日早朝、京都《きょうと》の本能寺に滞在する信長と側近たちを、織田《おだ》の重臣・明智光秀《あけちみつひで》が急襲。本能寺の変です。信長は、燃え盛る炎の中に姿を消しました。光秀の動機はいまだ謎です。当時、家康《いえやす》（40歳）は信長の勧めで堺《さかい》を見物していました。わずかな家臣しか連れていない家康が、明智勢にねらわれることは明白です。脱出ルートとして彼らが選んだのは、険しい山中を抜ける「伊賀《いが》越え」でした。しかしそこは1年前、信長が攻め込んで多くの人命を奪った場所。信長の同盟者家康が、無事に通れる保証はありません。

見どころ

本能寺炎上

明智光秀《あけちみつひで》は信長が取り立てた重臣で、近江国《おうみのくに》（滋賀県）の坂本城《さかもとじょう》や丹波国《たんばのくに》（京都府中部、兵庫県東部）の福知山城《ふくちやまじょう》・亀山城《かめやまじょう》など、近畿地方に所領を与えられていました。

天正10（1582）年6月2日未明、その光秀が亀山城を出立後、行軍中の夜中に突然、謀叛《むほん》を起こし、信長が少数の家臣と滞在する山城国《やましろのくに》（京都府南部）の**京都・本能寺**を、1万余りの大軍で襲ったのです。

異変を察した信長は、まず「信忠《のぶただ》の裏切りか？」と側近に尋ねました。妙覚寺《みょうかくじ》に宿泊していた嫡男の謀叛かと疑ったのです。

傍らにいた小姓の森蘭丸《もりらんまる》が「明智の裏切りのようです」と応えると、「光秀か。是非に及ばず（仕方あるまい）」と口にしました。

明智の配下がわらわらと庭先に乱入すると、信長の側近たちが懸命に応戦します。信長も縁側より矢を放ち、さらに槍をとって戦いますが、腕に傷を負うと建物の奥に姿を消しました。蘭丸ら家臣たちは、主君が最期を遂げるための時を少しでも稼ごうと、凄まじい働きをし、次々と命を落としていきます。やがて建物に火の手が上がり、業火《ごうか》に包まれながら、**信長は48年の生涯を自刃《じじん》にて閉じました。**

京都の他の場所に宿泊していた家臣らは、異変に気づき駆けつけたものの本能寺に入ることすらできず、**織田信忠**が妙覚寺から移った**二条新御所《にじょうしんごしょ》**に向かいました。

信長を討った明智勢は、ほどなく二条新御所にも押し寄せます。そこには、織田家選《え》り抜きの者が１００余名もいたので、明智勢と火花を散らす激しい戦いになりました。

しかし多勢に無勢、**信忠が自刃**したのをはじめ、ほとんどの者が討死を遂げます。そうした中、信長の弟の長益《ながます》と、山内一豊《やまうちかずとよ》の弟である康豊《やすとよ》は、辛くも脱出しました。その後、長益は有楽斎《うらくさい》と称しています。

家康は、この「**本能寺の変**」を和泉国《いずみのくに》（大阪府南部）の堺で知りました。信長の同盟者で、30数名の家臣しか連れていない家康が、近畿地方に勢力を持つ明智勢やその

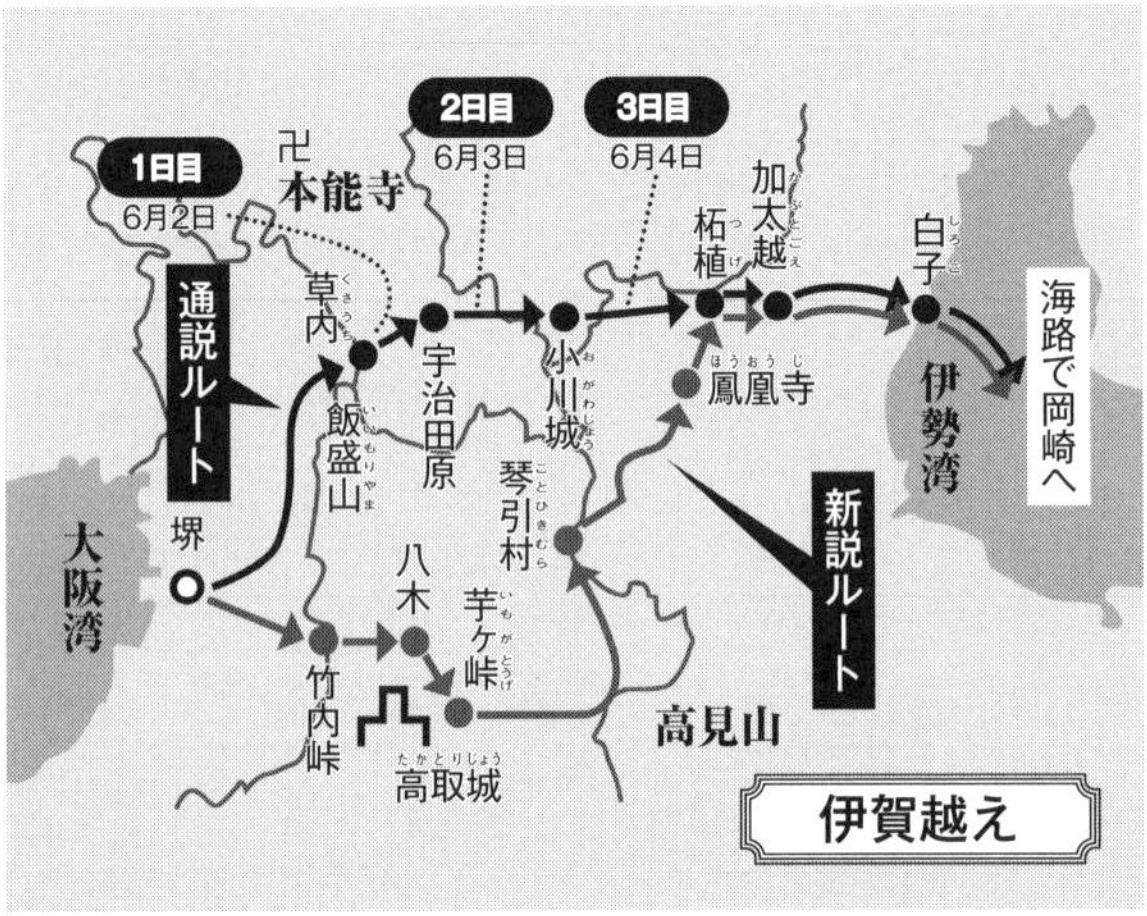
1日目
6月2日
2日目
6月3日
3日目
6月4日
本能寺
通説ルート
新説ルート
草内《くさうち》
飯盛山《いいもりやま》
宇治田原
小川城《おがわじょう》
柘植《つげ》
加太越《かぶとごえ》
白子《しろこ》
鳳凰寺《ほうおうじ》
琴引村《ことひきむら》
八木
芋ケ峠《いもがとうげ》
竹内峠
高取城《たかとりじょう》
高見山
堺
大阪湾
伊勢湾
海路で岡崎へ
伊賀越え

味方に狙われることは疑いありません。

　もはや京都に向かい光秀を討つことは断念し、家康一行は伊賀国（三重県北西部）の山中を抜け、領国の一つである三河国《みかわのくに》に戻ることにします。

　のちに家康の生涯で最大の危機といわれる、「**伊賀越え**」でした。

　1年前の天正9（1581）年、信長は大軍で伊賀国を攻めました（第二次天正伊賀の乱）。このとき**抵抗した伊賀の国人《こくじん》（地方武士）たち**は、信長に家族を含めて**皆殺しにされ**、他国に逃げた者も見つかり次第、殺されました。

そうした中、**家康を頼って三河国に落ちのびてきた伊賀者を、家康は一人も殺すことなく、密かに召し抱えた**のです。伊賀者たちはそれを忘れておらず、「今こそ家康様に御恩をお返しする時だ」と、こぞって山中を行く家康を警護し、明智勢の追っ手や野盗、落武者狩りなどの手から守ったのです。

一方、安土《あづち》～京都～堺と常に家康とともに行動していた武田旧臣の穴山信君《あなやまのぶただ》（梅《ばい》雪《せつ》）は、本能寺の変の騒ぎを聞いて家康を疑い、一行から離れ別行動をとっていました。そのため、山城国の宇治田原《うじたわら》で野盗に襲われ、あえない最期を遂げたのです。家康を信じ切れなかったのが不運でした。

苦難の末、伊賀路を無事に通り抜けた家康一行は、伊勢国《いせのくに》（三重県東部）の白子《しろこ》から船に乗って伊勢湾を渡りました。尾張国《おわりのくに》の知多半島に上陸したという知らせが伝わると、多くの人々が迎えに出て、家康の無事を喜んで三河国の岡崎城《おかざきじょう》までお供をしたのです。

まとめ

家康、絶対絶命 ――「神君《しんくん》伊賀越え」――

天目山《てんもくざん》の戦いで武田氏を滅亡に追い込んだ後、家康は、そんなに嬉しくなかった駿河国のみ加増の礼も兼ねて、安土城を訪れ、信長に命じられた明智光秀から饗応《きょうおう》を受けます。当時世界最大の城だった安土城に圧倒され、信長と花の都へ同行し、南蛮貿易と鉄砲生産で栄えた自治都市堺の見物を勧められ、向かいました。

同盟相手に圧倒的な威勢の差を見せつけられ、堺で田舎者ぶりを痛感している徳川《とくがわ》一行に、「京都で明智光秀が信長・信忠父子を討った！」という衝撃情報を伝える商人・茶屋四郎次郎清延《ちゃやしろうじろうきよのぶ》からの早馬が飛び込んできます。

京や安土には近づけない家康一行は、堺～岡崎間１６０キロを3日で逃避行することを選びます。酒井忠次《さかいただつぐ》・本多忠勝《ほんだただかつ》・榊原康政《さかきばらやすまさ》・井伊直政《いいなおまさ》の「徳川四天王」や、石川《いしかわ》数正《かずまさ》、大久保《おおくぼ》家の忠隣《ただちか》（作者の長兄忠世の嫡男＝甥）と忠佐《ただすけ》（作者の次兄）を含む30数名が、伊賀者で「徳川十六神将《しんしょう》」の一人である服部半蔵正成《はっとりはんぞうまさなり》の案内で、茶屋四郎次郎を先頭に、落武者狩りから切り抜けました。正成は国人や農民と交渉し、茶屋四郎次郎は彼らに銀を配り、道案内をさせるなどしたのです。**家康は生涯この感謝を忘れず、江戸幕府設立後に2名を登用**しています。また、この時に協力した伊賀者・甲賀者《こうか》は馬廻や伊賀同心《どうしん》・甲賀同心としています。

家康は、堺に滞在していたことで光秀に直接襲われず、その後の状況を譜代衆らとともにたくましく切り抜けたことで、かえって独立勢力として存在感を増します。同盟相手の織田信長・信忠父子は、もはや亡くなったわけですから。

16 混迷――武田《たけだ》の旧領を獲得

天正《てんしょう》10（1582）年【40歳】　天正壬午《てんしょうじんご》の乱

信長《のぶなが》死す！　その知らせに天下は騒然となります。とりわけ3ヵ月前に武田を滅ぼして織田《おだ》が奪った甲斐《かい》（山梨《やまなし》県）・信濃《しなの》（長野《ながの》県）・上野《こうずけ》（群馬《ぐんま》県）は、不穏な空気に包まれました。統治する織田家臣が逃亡したり討たれりしたため、無政府状態となったのです。家康《いえやす》（40歳）はすかさず軍勢を送って甲斐を押さえると、さらに信濃をねらいました。同様に関東の覇者・北条氏直《ほうじょううじなお》（20歳）も上野を奪うと、大軍で信濃に入り、諸勢力を従えていきます。両者は家康が新府《しんぷ》城、氏直がその西の若神子城《わかみこじょう》に入ってにらみ合いますが、北条の軍勢は徳川の5倍以上もあり、家康は不利でした。そんな中、形勢逆転のキーマンとなったのが、信濃の真田昌幸《さなだまさゆき》（35歳）です。

見どころ

武田滅亡後の混乱

本能寺《ほんのうじ》の変の凶報《きょうほう》は、各地の織田家臣団に激震をもたらしました。とりわけ3カ月前に武田家が滅んだばかりの旧領である甲斐《かい》・信濃《しなの》・上野《こうずけ》三国では、武田旧臣たちが反抗的な動きを見せ始め、不穏な空気に包まれます。信濃国を領していた織田家臣たちは統治を放棄し、尾張国《おわりのくに》や美濃国《みののくに》に逃げ帰る事態となっていました。

そんな折、甲斐国を領する河尻秀隆《かわじりひでたか》の館に、徳川家臣で旧知の本多信俊《ほんだのぶとし》が訪れます。本多は「もし甲斐で一揆が起きたならば、すぐに援軍を送りましょう」と伝えました。河尻は礼を言いますが、これは徳川が甲斐を奪おうと背後で一揆をそそのかし、混乱の中で自分を討つ狙いだと察し、その夜、本多を謀殺《ぼうさつ》します。すると間もなく一揆勢が館に押し寄せ、河尻は討たれてしまいました。

甲斐で一揆が起きると、家康は大須賀《おおすか》、岡部《おかべ》らを差し向け、大久保忠世《おおくぼただよ》（作者の兄）、石川康通《いしかわやすみち》、本多広孝《ほんだひろたか》・康重《やすしげ》父子、穴山《あなやま》衆も加勢させたので、一揆はすぐに鎮《しず》まります。彼ら6隊は若神子城、さらに信濃に入り諏訪や伊那《いな》を押さえました。

北条氏との争い

武田旧臣に、信濃の佐久《さく》を本拠とする依田信蕃《よだのぶしげ》がいます。信長の甲斐征伐の折には、その能力を評価した家康により匿《かくま》われていました。大久保忠世の進言もあり、家康はこの機会に依田を家臣に取り立てることで、佐久をも手に入れます。

関東と伊豆国《いずのくに》に一大勢力を築く**小田原城《おだわらじょう》の北条氏政《うじまさ》・氏直《うじなお》父子**は、上野国を領する織田の重臣滝川一益《たきがわかずます》を神流川《かんながわ》の戦いで破ると、碓氷峠《うすいとうげ》を越えて信濃の佐久に向かいました。家康同様、北条氏も**「草刈り場」と化した武田旧領**の奪取を狙ったのです（北上野や北信濃を狙う上杉《うえすぎ》氏もでしたが）。北条の大軍の接近に、武田旧臣で北信濃の小県《ちいさがた》を本拠とする真田昌幸は、従属を誓いました。

家康は当時、信濃国（南信濃）の統治を「徳川四天王」の筆頭・酒井忠次《さかいただつぐ》に委《ゆだ》ねる方針でした。ところが酒井は、東三河《ひがしみかわ》の地方武士3000を引き連れ、伊那を経由して諏訪《すわ》に乗り込み、諏訪頼忠《よりただ》を誘う際に、「私は家康さまより信濃を与えられた。諏訪も味方せよ」と居丈高《いたけだか》な態度に出たため、怒った諏訪は北条方についてしまいます。

北条氏直は、諏訪頼忠を佐久郡の依田勢に対する備えとした上で、さらに信濃の奥へと進軍を続けました。諏訪頼忠との交渉に失敗した酒井が乙骨《おっこつ》に布陣していると、先に信濃に入っていた大久保忠世ら6隊の面々も合流します。そこへ北条氏直の大軍4万数千が接近中との知らせがあり、急ぎ退却することになりました。

「酒井どのの口が災いして、諏訪を敵に回した」と大久保と酒井が口喧嘩を始めますが、そんな場合ではありません。しかし、いざ退却となると彼らの譜代衆6隊の行軍は武将も足軽も勇猛で統率《とうそつ》もとれ、敵が仕掛けてきても整然と打ち払い、つけいる隙を与えないまま東に進んで、甲斐国の新府城に入りました。このような見事な退き口《のぐち》（撤退戦）は、今も昔も聞いたことがありません。

北条軍は若神子城に入り、両軍対峙《たいじ》します。

翌日、古府中《こふちゅう》（甲府）にいた家康が新府城に入りますが、それでも徳川軍の総勢は

8千で、北条軍の5分の1に満たないほどでした。しかし家康は「氏直が押し進むというのであれば、一戦しよう」と、砦《とりで》や土塁を堅固に築き、松平信教《まつだいらのぶたか》や大久保忠教《ただたか》らが見張り番を務めます。

その一方、大久保忠世は依田信蕃に「真田昌幸を味方にできないものか」と相談しました。依田はさまざまな方法で真田に近づき、家康直筆の誓約書を示すと、昌幸は北条から徳川に鞍替《くらが》えすることを承諾。真田は早速、北条軍の補給路である碓氷峠の遮断に動きます。補給を断ってしまえば、大軍は身動きできません。

それを察した小田原城に残った北条氏直の父・氏政（先代当主で現在も実質的支配者）は、急ぎ弟の氏忠《うじただ》に1万の兵を与え、別働隊として御坂峠《みさかとうげ》から古府中への侵攻を図りました。徳川軍の背後を遮断する作戦です。

これに対し、古府中を守る鳥居元忠《とりいもとただ》らは、8月に1500余りの寡兵《かへい》ながら氏忠の大軍を急襲し、撃破します（黒駒《くろこま》の戦い）。さらに討ち取った多数の首を氏直のいる若神子城近くに並べてさらしたため、これを見た北条の将兵は悲嘆し、士気は著しく下がりました。黒駒の戦いの敗北と、碓氷峠遮断による補給途絶に直面した北条氏直は、やむなく徳川と和議を結ぶことにします。

「甲斐の郡内と信濃の佐久は徳川に渡すので、上野の沼田《ぬまた》は北条に返すことで和議を結びたい」と提案すると、家康は承諾。10月に和議が結ばれました。

甲斐を手中に収めた家康は、まだ抵抗勢力の多い信濃に大久保忠世を向かわせます。忠世は新府城を発《た》つと、かつて酒井が怒らせた信濃の諏訪頼忠に使いを出して、味方につけました。さらに依田信蕃の本拠である蘆田小屋《あしだごや》〔春日城《かすがじょう》〕に入り、拠点とします。そして周辺2里（約8キロメートル）四方には、従わない城が13もあったので、諸城を攻めることになりました。

天正11（1583）年2月、依田信蕃は抵抗勢力の拠点である岩尾城《いわおじょう》を攻撃します。ところが、信蕃は弟とともに敵の銃撃を受け、兄弟そろって討死を遂げたため、一旦退却することになりました。しかしその後、大久保忠世がほとんどの城を落として、配下とします。また、のちには家康の命令により、越後国《えちごのくに》（新潟県）の上杉景勝《うえすぎかげかつ》の南下に備え、信濃国小県に上田城《うえだじょう》を普請《ふしん》し、領主の真田昌幸に引き渡しました。

まとめ　天正壬午の乱の結末

本能寺の変の後、宙に浮いた甲斐・信濃・上野をめぐり、東海地方の徳川家康、関東地方と伊豆の北条氏政・氏直父子、越後国（新潟県）の上杉景勝が争ったのが、1582年の「天正壬午の乱」です。家康は、北条と和議を結び、翌年には娘の督姫《とくひめ》を小田原城の北条氏直に嫁がせ同盟を結びました。

家康は三河《みかわ》、遠江《とおとうみ》・駿河《するが》に加え、甲斐と上杉領・真田領を除く信濃《しなの》を手に入れたのです。しかしこの頃、羽柴秀吉《はしばひでよし》が織田家の後継争いに勝ち、勢力を広げていました。

17 激突――秀吉《ひでよし》との直接対決！

天正《てんしょう》12（1584）年【42歳】 小牧《こまき》・長久手《ながくて》の戦い

本能寺《ほんのうじ》の変《へん》後、明智光秀《あけちみつひで》を討ち、信長《のぶなが》の後継者として頭角をあらわしたのは信長の息子たちではなく、重臣の羽柴《はしば》秀吉でした。これに不満を抱いた信長二男の信雄《のぶかつ》（26歳）は天正12年（1584）、家康（42歳）と同盟を結んで秀吉（47歳）と敵対します。信雄と家康は小牧山城《こまきやまじょう》に入り、大軍を動員した秀吉は楽田城《がくでんじょう》周辺に布陣して対峙。家康と秀吉、両雄唯一の直接対決となった、小牧・長久手の戦いでした。やがて戦線が膠着《こうちゃく》すると、秀吉は池田恒興《いけだつねおき》（48歳）のプランを採用して、羽柴秀次《ひでつぐ》（16歳）や池田らの別働隊に、家康の領国三河《みかわ》を衝かせようとします。しかし察知した家康は素早く動き、別働隊を長久手で粉砕。秀吉につけ入る隙を与えません。

見どころ

宿敵との対決、意外な結末……

天正10（1582）年6月2日の本能寺の変から11日後、明智光秀は中国地方の毛利《もうり》攻めから急ぎ「大返し」をしてきた羽柴秀吉に討たれました（**山崎《やまざき》の戦い**、俗に「三日天下」と呼ばれる）。

6月27日には、織田《おだ》家の重臣4名が信長・信忠《のぶただ》亡き後の当主を決める**清洲《きよす》会議**を尾張国《おわりのくに》の清洲城《きよすじょう》で開きます。ここで丹羽《にわ》長秀《ながひで》と池田恒興を抱き込み主導権を握った秀吉により、筆頭家老・柴田勝家《しばたかついえ》の推《お》す信長の三男信孝《のぶたか》（24歳）ではなく、当主は信長の嫡孫三法師《ちゃくそんさんぼうし》（2歳）に決まります。

その後、三法師を手元に置く信孝と、その後ろ盾《だて》の勝家に対抗するため、秀吉は他の重臣たちと謀《はか》り、清洲会議の決定を破棄して、新たに信長の二男・北畠信雄《きたばたけのぶかつ》（24歳）を当主にすると公表しました

天正11（1583）年、秀吉は信孝を切腹に追い込み、**賤ヶ岳《しずがたけ》の戦い**で勝家を滅ぼ

しました。しかし、北畠信雄の期待とは裏腹に、織田《おだ》家の実権を掌握したのは秀吉で、信雄と秀吉の関係は険悪化していきます。

天正12（1584）年、織田を名乗るようになっていた信雄は、父の同盟相手だった徳川家康《とくがわいえやす》に助力を求め、家康はこれを承諾しました。

信雄と家康の協力を知った秀吉は同年3月、10万余りの大軍を率いて、信雄の領地である尾張国へ出陣します。犬山城はすでに池田恒興・森長可《もりながよし》が落としていたので、さらに小牧山城を目指します。しかし、三河国から進軍してきた家康が先んじて小牧山城を押さえたので、秀吉は近くに砦や土塁を築き陣取りました。それに対し、家康は柵さえも設けず（実際は設けていました）、一見無防備のまま布陣し、対照的な形で戦線は膠着《こうちゃく》します（**小牧の戦い**）。

そこで池田恒興が、別働隊で三河国を襲撃する策を秀吉に提案しました。4月6日、秀吉の甥・羽柴秀次《ひでつぐ》（のちの豊臣秀次）を大将に、池田恒興、森長可、堀秀政《ほりひでまさ》ら3万余りが進発し、9日には池田・森隊がまずは尾張国の岩崎城《いわさきじょう》を落として気勢を上げました。

一方、伊賀者などを放っていた家康は、これら別働隊の動きを察知すると、8日に榊原康政《さかきばらやすまさ》、水野忠重《みずのただしげ》、大須賀康高《おおすがやすたか》らの隊を小幡城《おばたじょう》に先発させ、家康自ら率いる本隊も8日夜に入城します。そして9日早朝、榊原・水野隊が白山林《はくさんばやし》で羽柴秀次隊に奇襲をかけました。秀次隊は切り崩されて敗走し、壊滅します。

家康と、「徳川四天王」の一人で旧武田の「赤備え《あかぞなえ》」を継承した「井伊《いい》の赤備え」を率いる井伊直政《なおまさ》（遠江《とおとうみ》出身だが超側近）、織田信雄らの本隊は、小幡城を出ると前山に布陣。これに岩崎城を落とした池田・森隊が向かってきて、正面からぶつかる激しい戦いになりました。しかし、最前線で戦っていた森長可が銃弾に倒れ、池田恒興も永井直勝《ながいなおかつ》に討ち取られると、池田・森隊は切り崩され、敗走します。家康は勝利を収めると、その場に留まることなく、急ぎ小幡城に引き上げました（**長久手の戦い**）。

池田・森隊の敗走を知った秀吉は、即座に小幡城北東の竜泉寺城《りゅうせんじじょう》まで大軍で押し出しますが、すでに家康は小幡城に帰還した後で、秀吉もすぐには手を出せません。

一方、小牧山城には酒井忠次《さかいただつぐ》、石川数正《いしかわかずまさ》、本多忠勝《ほんだただかつ》らが留守居として置かれていました。秀吉が出陣したことを知った酒井は「秀吉が向かったので、小幡城の殿が心配だ。二重の堀を押し破り、敵の陣屋すべてを焼き払えば、秀吉も引き上げてくるだろう」と出撃しようとします。すると、当時すでに秀吉に心を寄せていた石川が「そんなことはすべきでない」と制止したため、酒井の策は見送られてしまいました。

しかし、本多も酒井と同意見だったので、「ならば私が小幡城へお迎えに参りましょう」と、わずか500の手勢で出撃。竜泉寺川に単騎で乗り入れて馬の口を洗い、独特のオーラで敵軍の気勢を削《そ》いだ上で、家康を無事に小幡城から小牧山城へと帰還させます。敵も味方も、忠勝の豪胆さを称《たた》えました。秀吉などは「東国一の勇士よ」と絶賛しています。

その後、秀吉が竹ヶ鼻城《たけがはなじょう》を水攻めしている頃、蟹江城《かにえじょう》の前田長定《まえだながさだ》が家康を裏切り、豊臣方の滝川一益《たきがわかずます》を城に引き入れます。知らせを受けた家康は、直ちに急行。潮の干満を利用した城の細い一本道を通り、押し寄せました。家康の強襲に、一益はとても敵わぬと城から船で逃げ出します。長定は一戦したものの、やはり船で脱出しようとし、妻子もろとも全員が討たれ潮に浮かびました。

開戦から8か月後の11月、「領土の半分は安堵《あんど》しましょう」という**秀吉の和睦《わぼく》の誘いに、家康に一言の相談もなく、信雄が応じてしまいます。**助力を求めてきた信雄が和睦した以上、織田家から見れば部外者の家康が戦う理由もなくなり、三河へと帰国しました。秀吉は家康にも講和の使者を送り、二百数十日かかった膠着《こうちゃく》戦、**小牧・長久手の戦い**はようやく幕を閉じました。

まとめ　最終的に漁夫《ぎょふ》の利《り》は得られず

1582年、本能寺の変の直後、「伊賀越え」で出遅れた徳川家康が岡崎城《おかざきじょう》から出陣した時、すでに羽柴秀吉は山崎の戦いで明智光秀を破っていました。

その後、同年の清洲会議、翌1583年の賤ケ岳《しずがたけ》の戦いを経て、秀吉は織田家の後継者としての地位を完全に確立しています。

同じ時期、家康は、信長の次男・信雄の仲立ちで北条氏と和睦し、旧武田領のうち甲斐と南信濃も「漁夫の利」よろしく手に入れ、規模でいえば日本一の大大名《だいだいみょう》となっていました。伊勢国《いせのくに》や伊賀国《いがのくに》（ともに三重県）に領地を持つ北畠氏の養子に入っていた信雄は、秀吉が摂津国《せっつのくに》（大阪府北部・兵庫県南東部）に大坂城《おおさかじょう》を築き、もはや天下人気取りなのが気に入りません。弟の信孝も自害していたので、自分こそ信長の後継者「織田信雄」であると名乗り、尾張国も支配し、父の同盟相手だった家康に後ろ盾を頼んで、１５８４年、小牧・長久手の戦いが起きました。

両軍のにらみ合いが続きますが、**家康は、団結心のある譜代衆《ふだいしゅう》・三河武士《みかわぶし》を中心とする「徳川家臣団《かしんだん》」を率い、寄せ集めである秀吉軍に対し優勢**でした。また、外交戦略を駆使し、土佐国《とさのくに》（高知県）の長宗我部元親《ちょうそかべもとちか》、越中国《えっちゅうのくに》（富山県）の佐々成政《さっさなりまさ》、紀伊国《きいのくに》（和歌山県）の根来《ねごろ》・雑賀《さいか》衆などを味方につけました。

このままいけばさらに「漁夫の利」状態だったのですが、**信雄が勝手に和睦してしまったことで、小牧・長久手の戦いは痛み分けに終わりました。家康は、もはや織田家中《かちゅう》のことに口出しできなくなってしまいました。**

18 出奔《しゅっぽん》——忠臣がまさかの裏切り

天正《てんしょう》13（1585）年【43歳】 石川数正《いしかわかずまさ》の出奔《しゅっぽん》

「徳川《とくがわ》どのを主君と仰いでお仕えすることはできません」。真田昌幸《さなだまさゆき》は徳川家康《いえやす》に、手切れを通告しました。武田《たけだ》旧領をめぐって争った北条氏《ほうじょう》と家康が講和する際、真田が領有する上野《こうずけ》（群馬《ぐんま》県）沼田《ぬまた》を北条に与えると勝手に約束したことに、反発したのです。天正13（1585）年、家康（43歳）は従わない昌幸（38歳）に軍勢を差し向けました。平岩親吉《ひらいわちかよし》（43歳）、鳥居元忠《とりいもとただ》（46歳）、大久保忠世《おおくぼただよ》（53歳）らが率いる約7000は、昌幸の居城上田城《うえだじょう》に押し寄せます。さほど堅城には見えない上田城でしたが、昌幸の戦術により散々に打ち破られた徳川勢は、ブルってしまいました。さらに小諸《こもろ》城《じょう》に後退した大久保のもとに、国許で緊急事態が起きたという急報が届きます。

見どころ

真田昌幸《さなだまさゆき》の反発

「天正壬午《じんご》の乱」で武田《たけだ》旧領の甲斐《かい》・信濃《しなの》・上野《こうずけ》をめぐり争った家康と北条氏政《うじまさ》・氏直《うじなお》父子の講和条件は、氏直は甲斐の郡内《ぐんない》と信濃の佐久《さく》・諏訪《すわ》を徳川に渡す、家康は上野の沼田を北条に渡す、というものでした。ところがこれに、信濃の上田城を本拠地とし、沼田城も所有する真田昌幸が反発します。昌幸は、長兄・次兄が長篠《ながしの》の戦いで奮戦の末に戦死した勇猛な武田家旧臣・真田一族の生き残りで、天目山《てんもくさん》の戦いで武田氏が滅亡した後に自立していました。

「沼田は我らが自力で手に入れた土地。徳川どのはこの戦いで味方につけば恩賞を下さるというお話でしたが、それも実現しないうちに沼田を渡せとは、到底納得できない。もはや徳川どのを主君と仰ぐことはできぬ」と言い、上杉景勝《うえすぎかげかつ》に接近しました。

味方につけたばかりの真田氏との決裂。これを受けて天正13（1585）年8月、家康は真田攻めの軍勢を上田城に差し向けます（**第一次上田合戦**）。

「徳川十六神将《しんしょう》」のうち鳥居元忠、平岩親吉、大久保忠世（作者の長兄）、他にも柴《しば》田康忠《たやすただ》、岡部長盛《おかべながもり》、諏訪頼忠《よりただ》、保科正直《ほしなまさなお》・正光《まさみつ》父子、依田康国《よだやすくに》ら、およそ７０００の兵でした。

「徳川家臣団」も盛られた部分アリ

真田昌幸の居城、信濃の上田城は、上田盆地の中央、千曲川の支流を南に望む河岸《かがん》段丘上《だんきゅう》にあり、越後《えちご》の上杉景勝《うえすぎかげかつ》に備え、大久保忠世（53歳）らの協力で築かれたものです。

徳川勢は上田城に押し寄せると、城門を破り二の丸に乱入、一気に本丸に侵入しようとします。この時、城に火をかけるのを柴田康忠（47歳）が制止しますが、これは経験不足だったというべきでしょう。直後に本丸から鉄砲や弓矢で猛反撃され、態勢を立て直そうと後退したところ、すかさず城方が打って出たため大混乱に陥りました。火攻めをしておけば、こうはならなかったからです。

結局、徳川勢は総崩れとなり、逃げるうちに300人余りが討たれました。しかし、神川《かんがわ》まで退却した大久保忠世（53歳）は、弟の忠教《ただたか》（25歳）と河原で奮戦を続け、踏みとどまります。忠世は平岩親吉（43歳）の陣に行き、「自分が斬り込むので、平岩隊も続いてほしい」と頼むと、怯《おび》えている平岩は返事もしません。「ならば、せめて川岸を固めてほしい」と言っても聞かないので、忠世は怒り、「役に立たぬ奴め」と馬を返し、鳥居元忠の陣に行きます。「平岩は震えるばかりで物も言わぬ」と前置きして、鳥居にせめて背後を固めてくれと頼みますが、これも怯えて返事なし。「どいつもこいつも役に立たぬ」と、忠世が武田家旧臣・保科正直（43歳）の陣に行くと、前の2人以上に震えています。

正直の父・正俊《まさとし》は有名な槍《やり》の遣《つか》い手でしたが、「最近の家臣団はどうなっている、無駄飯食いめ」とあきらめて自陣に戻れば、弟の忠教が鉄砲隊を出してくれと催促するので、無言で手を振り断りました。再度急《せ》かされたので、「弾がないのだ」と返します。イラついた忠教が「あるでしょう!?」と聞くと、「皆、腰が抜けて、出撃しようという者が一人もおらぬ。ただ、腰抜けと言えば徳川家臣団の恥。だから『弾が切れた』と言うたのだ」と答えました。理解した忠教は戦線に戻り、奮戦します。その後、真田方も撤退し、この日の戦いは終わりました。

翌日、徳川方は、南の丸子城《まりこじょう》を攻めるため、川を越えて台地から押し寄せました。これを知った真田方は、上田城を出て背後を衝《つ》こうと牽制します。大久保忠世は、柴田を使者に平岩・鳥居の陣に向かわせ、「陣を川岸まで進めてほしい。私と武田旧臣の諏訪・依田で攻めて、真田を討ち取る」と伝えますが、両人は動きません。報告を聞いた忠世は「川岸が無理なら山の端《は》まで出て、せめて後方を固めてほしい」と再度、柴田を送りますが、両人は面会すらしませんでした。忠世は「籠《かご》の鳥を逃がしたわ……腰抜けどもめ」と、悔しがりつつ策をあきらめます。

丸子城へ攻撃を始めると、真田の本隊も近くに布陣し、徳川方の今川《いまがわ》家旧臣・岡部長盛《ながもり》（17歳）の部隊と激しく戦いました。

昌幸（38歳）・信幸《のぶゆき》（19歳）父子が足軽《あしがる》に混じり槍を振るうので、大久保忠世は懲《こ》りずに、平岩・鳥居に使いを送ります。「好機だ！　ご両人の陣を自陣近くまで移してくれ。岡部を先陣に我らが一斉に押し寄せれば、真田父子は必ず討ち取れる！」と伝えますが、返事がありません。「譜代衆がこれほどの臆病だとは思わなんだ……」と忠世は落胆します。

結局、平岩・鳥居の小心が、勝利を失わせました。保科正直も戦下手。彼らが震えていたので、ついに丸子城を落とせず、真田父子も無事に上田城に帰還します。

徳川勢はいったん、上田から兵を退きますが、忠世は近くの小諸城にとどまることにしました。

大ショック！　石川数正の出奔

10代〜30代の勇猛さに比べ、40代の不甲斐なさに、50代前半の大久保忠世は怒り心頭に発しています。「何が最強『徳川家臣団』だ、腑抜《ふぬ》けたか」と……。

しかし、その後届いた急報のショックはこんなものではありません。11月、**家康の**

人質時代からの側近、岡崎城《おかざきじょう》代まで務める譜代衆の石川数正（52歳）が裏切り、妻子を連れて出奔《しゅっぽん》、大坂城の豊臣秀吉に臣従したのです。

家康はこの前代未聞の緊急事態に、本拠地である遠江《とおとうみ》の浜松城《はままつじょう》に戻り策を練ることにし、信濃の小諸城に残った大久保忠世に何度も「急いで帰ってこい」と書状を届けます。しかし、忠世は動きません。

「今、うかつに動いた後、不安定になった徳川の本領（三河《みかわ》・遠江・駿河《するが》）で乱でも起きれば、小諸城は近くの真田か越後《えちご》の上杉に奪われるでしょう。甲斐でも不穏《ふおん》な噂が流れています。ここは情勢をよく見きわめた上《うえ》で戻ります」と応えました。しかしその後も、家康からの帰還命令は続きます。

「しょうがない。誰かを小諸城に残すことにする。殿に知行《ちぎょう》を願ってやるから、残る者はいないか！」と忠世が部下たちに問いますが、岡崎の親や妻子を石川数正に人質に取られたかもしれない不安の中で知行の話をされても、誰もが承知しません。困った忠世は弟の忠教《ただたか》に頼みますが、彼も「皆と同じです、兄上。妻の安否《あんぴ》もわからないのに、知行欲しさに小諸城に残るなどありえない。どのみちこんなところにいても生きて帰れませんし、加増もへったくれもない。また、あの石川どのが裏切ったならお家の一大事。どうせ死ぬなら家康さまを守り、近くで死にたいのは当たり前。だから絶対に嫌です」と断ります。

忠世は「私が間違っていた。今が知行を望む場でないのは道理である。では、何の望みもないが、一命を捨ててお前がここにとどまってくれ、でなければ我らは誰も岡崎に戻れないのだ」と忠教に頼みます。

「それならば承知しました。兄上が加増などの理屈抜きで『命を捨てよ』と言うのであれば、どうして嫌なものですか。家康さまが『一刻も早く急ぎ戻れ』と何度も仰《おお》せの一大事。小諸城のことは心配ご無用。急ぎご出立《しゅったつ》ください」と、忠教は、長兄の忠世を帰国させました。忠教は、年明けの正月まで小諸城にとどまります。

なお、皆が心配した石川数正については、人質を取るなどはせず、事を荒立てることなくすみやかに三河の岡崎を去っていました。

まとめ

重臣がヘッドハンティングされたことが、逆に改革につながる

1585年は、家康が焦《あせ》りの絶頂にいる年でした。

前年の小牧《こまき》・長久手《ながくて》の戦い以降、再三にわたり服属を求めてくる秀吉は絶好調です。紀伊国《きいのくに》の根来《ねごろ》・雑賀衆《さいかしゅう》と、土佐国《とさのくに》の長宗我部元親《ちょうそかべもとちか》が勢力を拡大していた四国を平定した秀吉は、越中国《えっちゅうのくに》の佐々成政も従えました。そして名目上近衛《このえ》家の養子となり、7月には天皇の補佐である関白《かんぱく》に就任し、実質的には天下人同然でした。

一方の家康は、春先からずっと体調不良。8月からの上田攻めが上手くいかない中、11月には側近中の側近だった石川数正が出奔し、秀吉に臣従しました。何がショックかといえば、岡崎城代を任されるほどの重臣の譜代衆でしたから、徳川家の機密事項をすべて知っているのです。

だからこそ**家康は、これを機に、大胆な軍制改革を行います。**酒井忠次《さかいただつぐ》、本多忠勝《ほんだただかつ》、榊原康政《さかきばらやすまさ》、井伊直政《いいなおまさ》の「徳川四天王《してんのう》」に大久保忠世、鳥居元忠、平岩親吉を加えた7

名が、徳川家臣団の中核となりました。遠江出身の直政以外の６人は三河出身で、三河・遠江・駿河・甲斐・信濃の５カ国を領有する大大名になっても、三河武士が中心だったことがわかります。しかし、大久保忠世が嘆《なげ》いたように、**必ずしも最強「徳川家臣団」というわけでもなく、看板倒れのところもありました。**さすがに本多・井伊・大久保は勇猛だったようですが、とはいえ、この先もずっとその武官たる勇猛さが必要な時代なのかどうかは微妙なところで、文官タイプの家臣との内部対立も難しい問題でした。現代の会社組織ともよく似ています。

19 臣従――秀吉《ひでよし》の命に従い関東へ

天正《てんしょう》18（1590）年【48歳】関東への転封《てんぽう》

「妹を差し上げよう」。豊臣《とよとみ》秀吉は実妹を徳川家康《とくがわいえやす》に嫁がせ、妹婿《いもうとむこ》にします。さらには実母の大政所《おおまんどころ》を人質として、三河《みかわ》に送りました。すべては家康を従わせるための、秀吉の懐柔策《かいじゅうさく》です。やむなく家康は上洛し、臣従を明言しました。九州を平定後、天正18（1590）年には天下統一の総仕上げとして、秀吉（53歳）は関東の北条《ほうじょう》氏を攻めます。小田原《おだわら》征伐に動員した将兵は20万人にも及び、天下人の威光を見せつけるための一大デモンストレーションでした。家康（48歳）も参戦し、山中城《やまなかじょう》攻略をはじめ、大いに尽力します。北条氏が降伏すると、秀吉はさりげなく家康に国替えを命じました。本領三河など5ヵ国を、北条旧領8ヵ国と交換するというものです。

見どころ

秀吉への臣従

天正14（１５８６）年、関白《かんぱく》・太政大臣《だいじょうだいじん》となっていた豊臣秀吉は、再三、徳川家康との完全な和議を望んだので、「（2年前の小牧《こまき》・長久手《ながくて》の戦いの時は）織田信雄《おだのぶかつ》どのが私を頼って来られたので貴殿と断交しましたが、彼が和議を結んだということであれば、当方に異存はありません」と家康は返事をします。

大変喜んだ秀吉は「妹を差し上げよう」と言って、（すでに40代の人妻だった）異《い》父妹《ふまい》の**朝日姫**《あさひひめ》を離縁させてまで輿入《こしい》れを命じ、家康を妹婿にしました。もちろん家康を挨拶《あいさつ》に来させ、臣従を誓わせるための方便です。

家康の上洛について、「徳川四天王《してんのう》」筆頭の酒井忠次《さかいただつぐ》は「ぜひお考え直しください。秀吉と完全に断交してもよいではありませんか」と言い、他の重臣らも反対しました。

それに対し家康は、「なぜお前たちはわからないのだ。行かなければ確実に断交となるだろう。たとえ敵が１００万で攻め寄せても、一度の合戦で打ち破る自信はある

家康と秀吉の関係図

秀吉は家康を取り込むため、
肉親を次から次へと利用した。

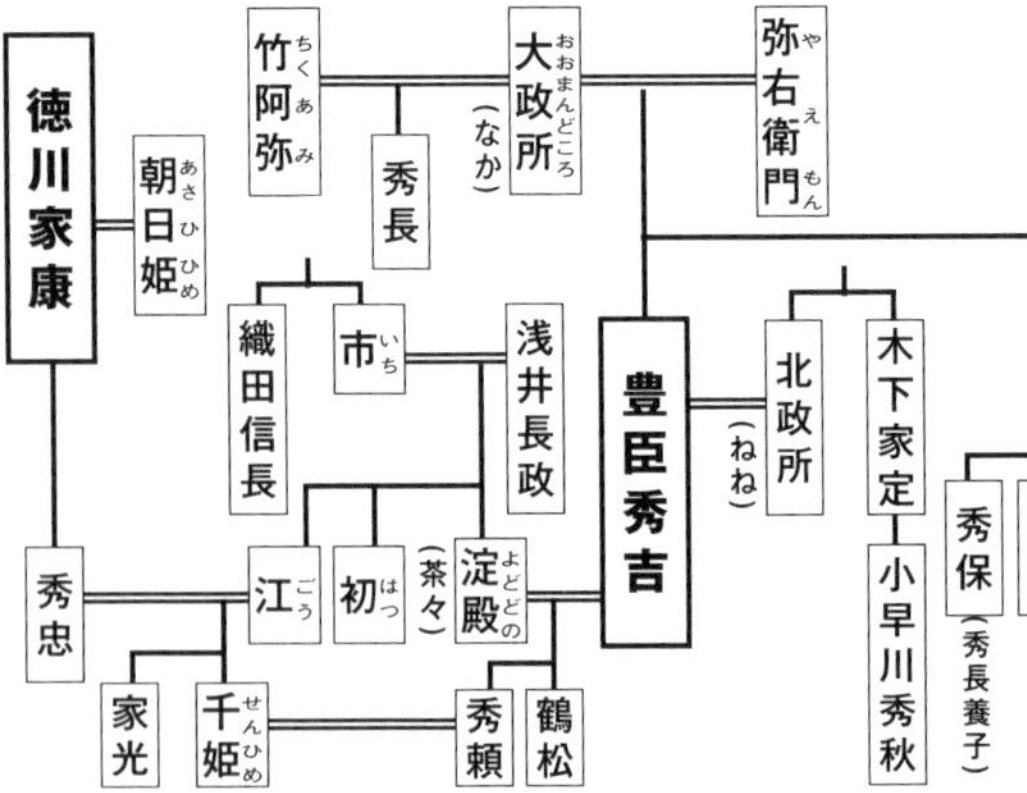

が、私の決断で多くの侍や百姓町人が命を落とすことは忍びない。私が腹を切れば、多くの命が助かる。お前たちも多くの人の命を救ってはどうか」と語ります。

主君の言葉に、酒井も「そのようなお考えであれば、よく解《わか》りました。もう反対はいたしませんので、ご上洛ください」と翻《ほん》意《い》します。立派な主従の態度でした。

また、家康の上洛を決定的に後押ししたのが、**大政所**《おおまんどころ》の来訪でした。秀吉は、生母までも人質として、三河の岡崎城に赴かせたのです。大政所は井伊《いい》直政《なおまさ》と大久保忠世に預けられましたが、これにより「上洛したら秀吉に殺されるのではないか」と家康の身を案じていた家臣たちも、安堵《あんど》のため息をつきました。

しかし家康は上洛前、井伊と大久保を呼び、万一の際の覚悟を伝えます。「もし私が切腹を命じられれば、大政所を殺してお前たちも腹を切れ。だが奥方は帰せ。『家康は女房を殺して腹を切った』と言われては不本意だ。朝日姫に手を下してはならぬ」と。以前、殺さざるを得なかった築山殿《つきやまどの》のことが頭にあったのでしょう。2人も正室を殺害するということは、是が非でも避けたかったようです。

そして、当時の本拠地、遠江《とおとうみ》の浜松城《はままつじょう》から上洛した家康は、そのまま京都を通過して大坂城《おおさかじょう》に赴き秀吉に臣従を誓います。

結局、家康は無事に帰国したので、皆が大いに喜びました。人質としての役割を果たした大政所も、秀吉の下に喜んで帰りました。

秀吉の天下統一と家康の関東転封

天正14（1586）年から翌15（1587）年にかけて、秀吉は薩摩国《さつまのくに》・大隅国《おおすみのくに》（ともに鹿児島県）の島津義久《しまづよしひさ》を屈服させ、九州を平定。天正16（1588）年には京都に築いた聚楽第《じゅらくだい》に後陽成天皇《ごようぜいてんのう》を迎えて饗応《きょうおう》し、家康や織田信雄《おだのぶかつ》ら、全国の有力大名に改めて秀吉への臣従を誓わせました。

そして天下統一の総仕上げとして、小田原城を本拠とする関東地方の北条氏《ほうじょう》を20万余りの軍勢で攻め（のち30万人に膨張）、同時に東北地方の伊達氏《だて》・最上氏《もがみ》の帰順を待ちます。それが天正18（1590）年春に始まる「**小田原攻め**」でした。

秀吉率いる主力は3月末、東駿河《するが》の三枚橋城《さんまいばしじょう》を進発。北条氏が守る伊豆の韮山城《にらやまじょう》を織田信雄らが攻め、同じ伊豆の山中城は、先鋒《せんぽう》を命じられた徳川家康や豊臣秀次《ただつぐ》（秀吉の甥）らが通りがけの駄賃とばかりに半日で攻略します。

秀吉の本隊は相模《さがみ》との境にある箱根山《はこねやま》に攻め上り、湯本《ゆもと》の早雲寺《そううんじ》を本陣としました。

その後、小田原城の包囲が進むと、秀吉は城を見下ろす石垣山《いしがきやま》に新たに巨大な城を築き（石垣山城）、本陣を移すことになります。

山中城を落とした家康は、伊豆から相模に入り、小田原近くの今井《いまい》に布陣しました。小田原攻めは結局のところ兵糧《ひょうろう》攻めなので、先鋒とはいえ大きな危険はありません。

一方、相模以外の関東へは、前田利家《まえだとしいえ》、上杉景勝《うえすぎかげかつ》、真田昌幸《さなだまさゆき》らが越前《えちぜん》（福井県東部）、加賀《かが》・能登《のと》（石川県）、越中《えっちゅう》（富山県）、越後《えちご》（新潟県）、信濃《しなの》（長野県）の将兵を率いて別働隊となり、北条《ほうじょう》方の城を一つ残らず攻め落とし、小田原城を孤立させました。

やがて北条方に裏切り者も出ました。「小田原評定《ひょうじょう》」状態で軍議ばかりして籠城し、3か月ほど決断を渋っていた北条氏政《うじまさ》・氏直《うじなお》父子も、もはやこれまでと7月に降伏、小田原城を開城します。

秀吉は先代の北条氏政とその弟は切腹、現当主の氏直らは高野山《こうやさん》で出家のうえ蟄居《ちっきょ》としました。かくして、北条早雲〔伊勢新九郎《いせしんくろう》〕以来、氏綱《うじつな》・氏康《うじやす》・氏政《うじまさ》・氏直《うじなお》と5

代にわたり伊豆・相模を中心に広く関東へ覇を唱えた小田原北条氏は滅んだのです。

小田原攻めの再終盤、秀吉は家康に声をかけ、城下を見渡す高台で並び立小便をしながらささやきました。「さて国替えが必要なのだが、関東はどうか。貴殿が望まぬのであれば、それでもよいが」と。家康は内心の動揺を隠しつつ、「ごもっともな仰《おお》せ、承知しました。」と答え、**関東移封《いほう》〈江戸入り〉**を承諾しました。

三河をはじめ、命がけで手にした遠江、駿河、甲斐、信濃の5ヵ国を手放し、北条氏の旧領である伊豆、相模、武蔵《むさし》、上野《こうずけ》、下総《しもうさ》、上総《かずさ》、下野《しもつけ》の一部、常陸《ひたち》の一部の8ヵ国と交換したのです。徳川・今川・武田を合わせた旧領と北条の旧領では、石高は変わらずとも、都からの距離を考えてもまったく価値が違いましたが辛抱し、翌月すぐに関東へ移りました。もはや強大化しすぎた秀吉の勢力に、家康はとても敵わなかったのです。三河武士の譜代衆を中心に家臣団は激怒し反対者も多かったのですが、30万人の大勢力を前に、それは主君たる家康の判断が正しかったでしょう。

ちなみに神君家康公・東照大権現様の「江戸お打ち入り」の8月1日は、江戸時代を通じて「八朔《はっさく》」という行事が行われる重要な祝日となります。

秀吉は陸奥国《むつのくに》（福島県・宮城県・岩手県・青森県）と出羽国《でわのくに》（山形県・秋田県）の伊達政宗《まさむね》や最上義光《もがみよしあき》らに奥州仕置《おうしゅうしおき》（領土確定）を実施、名実ともに天下を統一しました。

まとめ　足軽《あしがる》出身者への臣従　――鳴くまで待とうホトトギス――

家康は、小牧・長久手の戦いで引き分けた後、次男・秀康《ひでやす》（長男・信康は以前切腹させたので現在の嫡男）を秀吉の養子として、人質に出す形で仮の和議を結んでいました（秀康はのち北関東の名門大名の養子となり「結城《ゆうき》秀康」と名乗る）。

さらに秀吉が本格的な和議＝臣従を求め、なりふり構わず妹と母を人質に出してきたので、ついに家康も屈服しました。朝廷の権威を利用して関白・太政大臣に成り上がった尾張の足軽出身者に、小さいとはいえ三河の大名出身者が頭を下げたのです。

じつは大坂城での面会の前日、家康の宿舎に秀吉が忍んできました。そして手を取らんばかりの態度で「お願いだ、明日は諸大名や重臣の前で私に心から従っているようなふりをしていただけないか？」と懇願したのです。秀吉という人間は、目的を達成するためにはここまでするのです。まさに「鳴かぬなら鳴かせてみようホトトギス」。それに対し家康は「**鳴くまで待とう**」と決意したのか、翌日の会見では秀吉の期待を超える臣従ぶりを見せました。その後、小田原征伐でも先鋒を務め、さらに（他の大名への見せしめもあり）関東への理不尽な国替えを命じられた時も、同様の態度を貫くのです。血気盛んな三河武士を中心とする家臣たち、大久保一族のような武官タイプは特にそうでしたが、常にこのような主君の態度に大反対しました。ところがもはや時代は豊臣の天下。上杉謙信《うえすぎけんしん》や武田信玄《たけだしんげん》でも落とせなかった小田原城を落としてしまう、秀吉に逆らうのは得策ではないのです。

実際、家康本人も「海道一《かいどういち》の弓取り」と呼ばれる武官タイプの大名（気概と合戦重視）として生きてきましたが、全体の方針を文官タイプ（政治と外交重視）の発想に切り替えていったのです。**家臣たちの勢力図も、後者タイプが優位になっていきます。**

20 九州へ——朝鮮出兵は免除される

天正《てんしょう》20／文禄《ぶんろく》元（1592）年【50歳】 文禄の役《えき》

「唐入《からい》り（朝鮮出兵）の準備をせよ」。天正20（1592）年、豊臣秀吉《とよとみひでよし》は諸大名に命じました。前年、奥州《おうしゅう》がようやく鎮まり、誰もが一息ついたところに、また大規模な、しかも海外遠征を行うという無茶ぶりです。そのねらいは、今もよくわかっていません。秀吉は関白《かんぱく》職を甥の秀次《ひでつぐ》に譲り、太閤《たいこう》と呼ばれることになります。最初の出兵（文禄の役）の最中、秀吉に実子秀頼《ひでより》が誕生。秀吉は大いに喜ぶ一方、関白秀次との仲が冷え始めます。やがて秀次は切腹、妻子や侍女《じじょ》らはすべて処刑されました。そして2度目の出兵（慶長《けいちょう》の役）中の慶長3（1598）年、秀吉（61歳）没。家康《いえやす》（55歳）ら重臣の判断で慶長の役は中止されますが、諸大名の間には深刻な亀裂が生じていました。

見どころ

秀吉の「奥州仕置《おうしゅうしおき》」に尽力

天正19（1591）年、陸奥国《むつのくに》の九戸《くのへ》氏が、当主の南部《なんぶ》氏に対して反乱を起こしました。また前年より、豊臣秀吉の「奥州仕置」に反発する一揆《いっき》が、東北の各地で起きていました。これらは、関白として秀吉が全国に命じていた「惣無事令《そうぶじれい》（私闘の禁止＝全国への喧嘩両成敗法）」に違反するものであり、南部氏から救援要請もあったため、秀吉は甥の秀次《ひでつぐ》を総大将とする大軍を派遣して、鎮圧にあたらせたのです。

前年から関東移封《いほう》となっていた家康も出陣を命じられ、秀次とともに進軍し、**天下人たる秀吉の奥州鎮定《ちんてい》に尽力**しました。この年、秀吉は3歳下の優秀な弟・秀長《ひでなが》を病で失い、意気消沈していたので、実際、家康は頼りになったのです。

「唐入り」はせず

翌天正20（1592）年3月、秀吉は「唐入り」のための動員を諸大名に命じます。

中国の明《みん》を平定し、東アジア全体の盟主となるためです。

そこで、軍が通過する朝鮮（李朝《りちょう》）に協力と服属を求めたところ拒《こば》んだので、まずは朝鮮を侵略することになりました。

前線基地として肥前国《ひぜんのくに》（佐賀県・長崎県）に名護屋城《なごやじょう》（佐賀県唐津市）を築き、秀吉自ら城に詰めます。家康も、名護屋までは赴きました。

負担が重い上、勝利しても領土が支給されるかどうかわからない、正直迷惑がっている諸大名からなる遠征軍は、一番隊から九番隊まであり、その総勢は約15万です。**家康は関東移封を承諾したことで（ヒトもカネもかかる）朝鮮への渡海を免除され、**翌文禄2（1593）年に大坂へと戻りました。

なお、戦いは遠征軍が朝鮮の首都の漢城《かんじょう》を落としますが、明が援軍を差し向けたため、戦線が膠着《こうちゃく》。前線の大将の一人、小西行長《こにしゆきなが》が講和条約を結び、一時停戦となります**（文禄の役《えき》（壬辰《じんしん》の倭乱《わらん》））**。

秀吉は朝鮮侵略の前年、唐入りに専念するとして（実際はこの年に長男「捨《すて》」を2

歳で失ったた悲しみも大きかったのですが）関白を甥の秀次に譲り、政治を託しました。秀吉は太閤と呼ばれることになり、その後継者が秀次であることを、誰もが認めることになります。関白秀次は、京都の聚楽第《じゅらくだい》で政務を執《と》り、秀吉は洛外《らくがい》に伏見城《ふしみじょう》を築き、摂津《せっつ》の大坂城《おおさかじょう》とともに居城としました。

秀吉の絶大な信頼を得る　――タヌキの本領？――

そんな折の文禄2年8月、秀吉の側室淀殿《そくしつよどどの》（浅井長政《あざいながまさ》とお市《いち》の方《かた》の娘＝織田信長の姪）が大坂城で待望の次男「拾《ひろい》（のちの秀頼）」を出産、秀吉は手放しで喜びました。そもそも秀吉は正室のおね〔北政所《きたまんどころ》〕との間に子がなく、加藤清正《かとうきよまさ》・福島正則《ふくしままさのり》・石田三成《いしだみつなり》ら子飼いの武将たちをおねに預け、我が子のように育成していたのです。徳川家康の次男・秀康《ひでやす》や宇喜多直家《うきたなおいえ》の嫡男・秀家《ひでいえ》のように養子も沢山取っています。

太閤・秀吉は当初、嫡男たる秀頼を、関白・秀次の娘と結婚させ、豊臣の3代目にするつもりだったともいわれ、秀次との仲もそれなりに良好でした。

ところが文禄4（1595）年6月、突如、「秀次謀叛《むほん》」の噂が流れます。聚楽第に秀吉の使者が訪れ、起請文《きしょうもん》の提出を求めました。さらに数日後、再び使者が訪れ、伏見城に出頭するよう伝えます。秀次が赴くと、秀吉は会おうともせず、出家して紀伊国高野山《きいのくにこうやさん》に隠退《いんたい》するよう命令。そして間もなく、高野山で秀次は切腹しました。さらに秀次の5名の子、多数の側室・乳母ら一族39名は、罪もないのに京都の三条河原《さんじょうかわら》でことごとく首を刎《は》ねられ一つの穴に埋められて、「畜生塚《ちくしょうづか》」と呼ばれたのです。最上義光《もがみよしあき》ら関白に娘を嫁がせていた大名たちは、秀吉を深く恨むことになります。

秀吉の死

慶長2（1597）年、明と講和した際の要求が守られないことから、秀吉は再度、朝鮮への出兵を決意。遠征軍14万を進発させました（**慶長の役**〔**丁酉《ていゆう》の再乱**〕）。

今回は朝鮮半島の全羅道《ぜんらどう》制圧を第一の作戦目標とし、各地で苦戦しつつも勝利を重ねていきます。しかし、国内では思わぬ事態が起きていました。秀吉の死です。「醍《だい》醐《ご》の花見」を最後の一花《いっか》とし（秀吉は「北野大茶会《きたのおおちゃかい》」もですが野外イベント好き）、慶長3（1598）年8月、豊臣秀吉は伏見城で生涯を閉じました。享年62。

「つゆと落ちつゆと消えにし我が身かななにわのことも夢のまた夢」

辞世の句の通り、まさに本人としては志半ばの、はかない最期でした。

秀吉はいまわの際に、まだ5歳の秀頼の行く末を、重臣の五大老《ごたいろう》（徳川家康・前田《まえだ》利家《としいえ》・毛利輝元《もうりてるもと》・宇喜多秀家《ひでいえ》・上杉景勝《うえすぎかげかつ》）や側近の五奉行《ごぶぎょう》（浅野長政・石田三成・長《な》束正家《つかまさいえ》・前田玄以《まえだげんい》・増田長盛《ますたながもり》）に何度も頼んでいました。なかでも五大老筆頭の家康は、秀吉からくれぐれもと頼まれていたので、秀頼を大切にしたのです。

秀吉の死によって、朝鮮で戦う将兵たちはすべて引き上げることになりました。しかし、激しい戦いで疲弊した武将たち（武断派・加藤清正や福島正則ら）と、国内で政権運営にあたっていた武将たち（文治派《ぶんちは》・石田三成ら）との間に、感情的な対立が生じることになります。

「唐入り」で遠征することなく、力を十分蓄《たくわ》えることができた家康は、時には余裕のある相談役として、諸大名の対立を注意深く眺《なが》めていました。

まとめ　秀吉や諸大名に頼りにされる ――絶妙のポジショニング――

秀吉は、切れ者の弟・秀長を亡くした直後、長年のブレーンだった千利休《せんのりきゅう》を切腹に追い込みました。2年後には甥の秀次の一族も抹殺《まっさつ》していたので、男性の親戚も相談役もいない状態でした。不安な秀吉は、五大老・五奉行に「合議して秀頼を守り盛り立てていく」と血判状《けっぱんじょう》まで作成させ、特に五大老筆頭の家康には、死ぬ間際に「豊臣を頼む」とまで言いました。

じつは、秀頼（5歳）と家康の孫の千姫《せんひめ》（0歳）は婚約しており、家康は義理とはいえ親戚でもあったのです。しかも千姫の母は「浅井三姉妹」の三女・江《ごう》で、長女・茶々《ちゃちゃ》〔淀殿〕の妹でもあります。**家康は、豊臣秀長・秀次や千利休亡き後、公的に豊臣家の将来を託される位置にいた**のです。

独裁者として体制未整備のまま君臨する秀吉の下、家康は、江戸ではなく主に京都・大坂や名護屋に滞在し、武断派と文治派の諸大名の間に立ち、相談役として評判も良く、非常に「いい位置」につけています。

特に文禄の役↓秀次の粛清《しゅくせい》↓慶長の役と、諸大名の秀吉に対する忠誠心が揺らぎそうになった時には、実績も官位もある「海道一の弓取り」の内大臣《ないだいじん》〔内府《だいふ》〕は頼りがいがあります。実際、本多忠勝《ほんだただかつ》・大久保忠世《おおくぼただよ》のような武官タイプの猛将、榊原康政《さかきばらやすまさ》・本多正信《まさのぶ》のような文官タイプの智将、バランス型の井伊直政《いいなおまさ》に代表される、最強「徳川家臣団」を率《ひき》いているわけですし……。

このような、**豊臣家、諸大名、家臣団それぞれに対するポジショニングの巧《たく》みさ**こそが、家康の真骨頂《しんこっちょう》なのです。

21 決戦——天下分け目の戦いへ！

慶長《けいちょう》5（1600）年【58歳】 関ヶ原《せきがはら》の戦い

豊臣秀吉《とよとみひでよし》亡き後、最大の実力者となったのが五大老筆頭の徳川家康《とくがわいえやす》でした。ようやく家康に、天下を取るチャンスがめぐってきたのです。そんな家康を警戒したのが、奉行の石田三成《いしだみつなり》（40歳）でした。幸い三成には敵が多く、7将による三成襲撃の騒ぎが起きると、責任を取って隠居させられます。慶長5（1600）年、会津《あいづ》の上杉景勝《うえすぎかげかつ》（45歳）討伐のため、家康（58歳）が諸将を率いて東下した際、事は起こりました。三成の「打倒家康」の呼びかけに、多くの大名が応じて挙兵したのです。家康は上杉討伐を中止し、同行していた諸将を上方に先発させると、家康は東海道《とうかいどう》から、息子秀忠《ひでただ》（21歳）は中山道《なかせんどう》から、三成らの軍勢が待つ西へと進軍。天下分け目の決戦が近づいていきました。

見どころ

豊臣方の武断《ぶだん》派と文治《ぶんち》派

豊臣秀吉は、遺言で「家康は3年間在京し、伏見城《ふしみじょう》の留守も預かること」「秀頼《ひでより》は大坂城《おおさかじょう》に移り、諸大名も妻子とともに大坂に移ること」を命じていました。五大老筆頭の家康を伏見に留め、大坂の豊臣政権を思いのままにさせないための措置《そち》です（秀頼をくれぐれもよろしくと頼んでおきながら……）。

しかし家康は、六男の松平忠輝《まつだいらただてる》と伊達政宗《だてまさむね》の長女・五郎八姫《いろはひめ》、自らの養女と福島正則《ふくしままさのり》の養嗣子《ようしし》など、秀吉が禁じた大名間の婚姻を次々に進め、味方を増やしていきます。他家との交渉で活躍したのは、文武のバランスがよい「徳川四天王」最年少、遠江《とおとうみ》出身の井伊直政《いいなおまさ》で、特に黒田如水《くろだじょすい》〔官兵衛《かんべえ》〕・長政《ながまさ》父子と親密な関係を築きました。ちなみに四天王最年長の酒井忠次《さかいただつぐ》は、慶長元（1596）年、69歳で亡くなっています。

このような「掟破《おきてやぶ》り」に対し、憤慨《ふんがい》した石田三成ら五奉行は、慶長4（1599）年、他の五大老と謀《はか》り、家康を詰問します。一触即発の事態に、四天王の榊原康政《さかきばらやすまさ》らが兵を率いて駆けつけますが、家康はいったん利家《としいえ》らの申し入れを承諾しました。

その後、家康は、石田三成・大谷吉継《おおたによしつぐ》・小西行長《こにしゆきなが》ら「**文治派**」と折り合いが悪い加《か》藤清正《とうきよまさ》・福島正則・池田輝政《いけだてるまさ》ら「**武断派**」の諸大名に接近し、その対立を煽《あお》ります。

そんな中、家康が大坂城の秀頼の見舞いに来ると知った反家康の諸大名が、「腹を切らせよう」と結集する騒ぎがありました。これは藤堂高虎《とうどうたかとら》が自らの屋敷に家康を泊まらせて徳川の譜代衆《ふだいしゅう》に連絡することで、家康は見舞いを済ませ無事に帰りました。

これ以上三成ら文治派が家康や武断派と不用意な騒ぎを起こすことを案じた五大老の前田利家《まえだとしいえ》は、伏見城に急いで出向き、家康と話します。「ここは三成の屋敷に近すぎる、とにもかくにも向島《むかいじま》に移られよ」と。

勧めに応じて家康は近くの向島に避難しましたが、その後、前田利家が病没しました。すると翌日、加藤清正・福島正則・細川忠興《ほそかわただおき》・黒田長政ら「七将」が、三成を討とうと決起します。この石田三成襲撃事件を仲裁したのが家康です。三成に「腹を切らせよう」とする七将をなだめる一方、三成に騒動の責任を取らせ、領地に蟄居《ちっきょ》させることにしました。三成が帰国途中に襲われないよう、家康は次男の結城秀康《ゆうきひでやす》を護衛につけ、近江国佐和山城《おうみのくにさわやまじょう》まで送り届けます。しかし三成は感謝するどころか、家康打倒を狙《ねら》い続けました。

天下分け目 ―― 関ヶ原の戦い ――

五大老のメンバーは、家康を筆頭に、逝去《せいきょ》した前田利家、毛利輝元《もうりてるもと》、上杉景勝、宇《う》喜多秀家《きたひでいえ》でした。しかし、前田家を継いだ利長は家康に屈服、宇喜多では家臣間の対立が起き、徳川四天王の榊原康政に調停される体たらくで、軍事力が著しく低下していました（宇喜多騒動）。

石田三成同様、家康の急速な勢力拡大を苦々しく思う陸奥国会津若松城《むつのくにあいづわかまつじょう》の上杉景勝は、重臣の直江兼続《なおえかねつぐ》とともに帰国したまま、家康が再三要請しても上洛しません。

「上杉は三成と連携して謀叛《むほん》をたくらんでいる。討ちとろう」と家康が号令すると、諸大名が応じ、慶長５（１６００）年６月６日、会津征伐に向かいます。

大坂を進発した軍勢が東下し、北関東に進軍したあたりで、上方（京都・大坂方面）から挙兵の急報が届きました。

家康から見た敵の陣営は、五大老の毛利輝元、宇喜多秀家、五奉行の石田三成、増《まし》田《た》長盛《ながもり》、長束正家《ながつかまさいえ》、文治派の大谷吉継、小西行長、毛利関係者の安国寺恵瓊《あんこくじえけい》、吉川広《きっかわひろ》家《いえ》、小早川秀秋《こばやかわひであき》、四国の長宗我部盛親《ちょうそかべもりちか》、九州の立花宗茂《たちばなむねしげ》、南九州の島津義弘《しまづよしひろ》らが名を連ねました。直接関わってはいませんが、後ろ盾には豊臣秀頼・淀殿《よどどの》がいます。

挙兵した敵方は伏見城を攻め、留守を預かる家康の譜代衆・鳥居元忠《とりいもとただ》と内藤家長《ないとういえなが》、一門衆・松平家忠《いえただ》らを討ち取ります。勢いに乗じた別働隊が京極《きょうごく》氏の守る近江国大津城《おおつじょう》を攻め、三成ら主力は進軍し美濃国大垣城《みののくにおおがきじょう》に入りました。東方では五大老の上杉景勝の他に、常陸国《ひたちのくに》の佐竹義宣《さたけよしのぶ》、信濃国上田城《しなののくにうえだじょう》の真田昌幸《さなだまさゆき》らがこの「**西軍**」に加担します。

下野国小山《しもつけのくにおやま》で家康が「会津攻めはやめ、反転して上方《かみがた》に攻め上る」と言うと、「徳川四天王」本多忠勝《ほんだただかつ》・井伊直政らが、まず上杉を討ち、それから上方に戻るべきではと進言しました。家康は「言語道断《ごんごどうだん》、私を誰だと思っている。お前たちとは場数が違

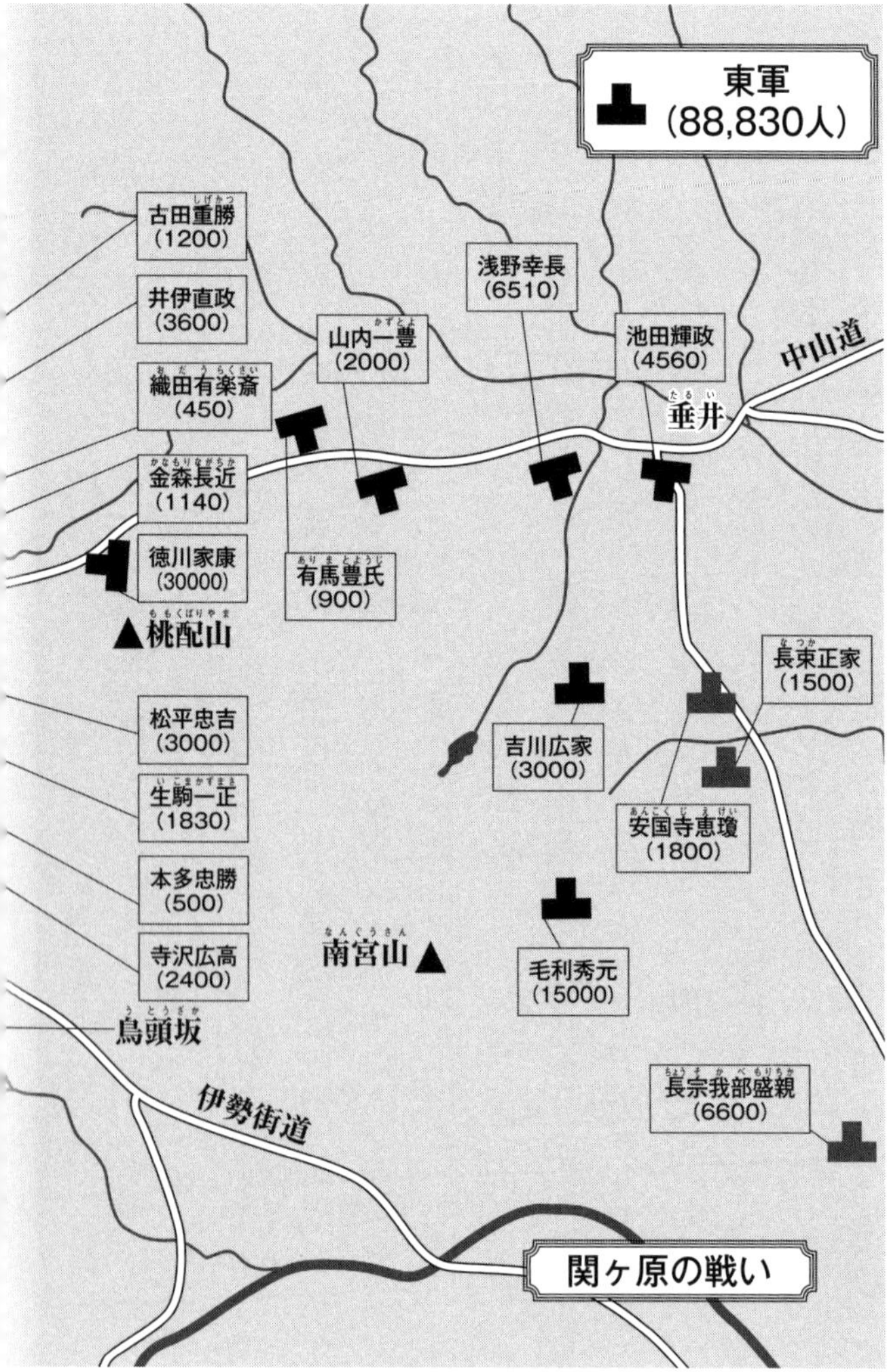

東軍
(88,830人)
古田重勝《しげかつ》
(1200)
井伊直政
(3600)
織田《おだ》有楽斎《うらくさい》
(450)
金森長近《かなもりながちか》
(1140)
徳川家康
(30000)
▲桃配山《ももくばりやま》
山内一豊《かずとよ》
(2000)
有馬豊氏《ありまとようじ》
(900)
浅野幸長
(6510)
池田輝政
(4560)
中山道
垂井《たるい》
長束《なつか》正家
(1500)
吉川広家
(3000)
安国寺恵瓊《あんこくじえけい》
(1800)
松平忠吉
(3000)
生駒一正《いこまかずまさ》
(1830)
本多忠勝
(500)
寺沢広高
(2400)
南宮山《なんぐうさん》▲
毛利秀元
(15000)
烏頭坂《うとうざか》
伊勢街道
長宗我部盛親《ちょうそかべもりちか》
(6600)
関ヶ原の戦い

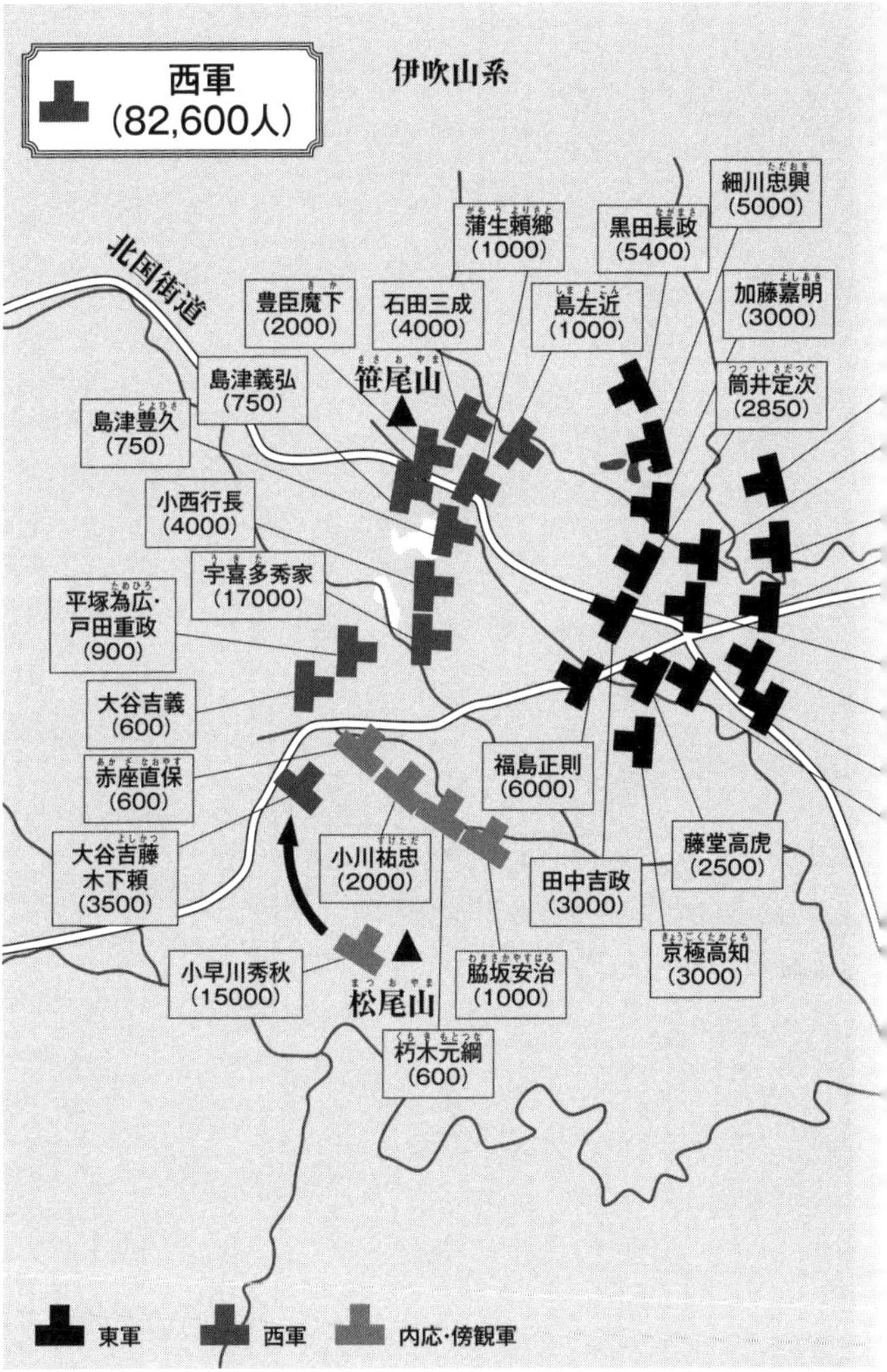
西軍
(82,600人)
伊吹山系
北国街道
蒲生頼郷《がもうよりさと》
(1000)
黒田長政《ながまさ》
(5400)
細川忠興《ただおき》
(5000)
豊臣麾下《きか》
(2000)
石田三成
(4000)
島左近《しまさこん》
(1000)
加藤嘉明《よしあき》
(3000)
島津義弘
(750)
笹尾山《ささおやま》
筒井定次《つついさだつぐ》
(2850)
島津豊久《とよひさ》
(750)
小西行長
(4000)
宇喜多《うきた》秀家
(17000)
平塚為広《ためひろ》・
戸田重政
(900)
大谷吉義
(600)
赤座直保《あかざなおやす》
(600)
福島正則
(6000)
大谷吉藤《よしかつ》
木下頼
(3500)
小川祐忠《すけただ》
(2000)
藤堂高虎
(2500)
田中吉政
(3000)
小早川秀秋
(15000)
脇坂安治《わきさかやすはる》
(1000)
京極高知《きょうごくたかとも》
(3000)
松尾山《まつおやま》
朽木元綱《くちきもとつな》
(600)
東軍
西軍
内応・傍観軍

う。今は、上杉のような枝葉の小敵は放置して本当の大敵を断つ時だ。雌雄《しゆう》を決するため、お前たちは急ぎ向かえ！」と怒鳴りつけました。また、福島正則や山内一豊《やまうちかずとよ》ら諸大名とも話をし、妻子を大坂に置いた彼らも味方について、進発します（現在では否定されがちな軍議「小山評定《ひょうじょう》」）。

家康本人はすぐには動かず、宇都宮城《うつのみやじょう》に回った後に江戸城《えどじょう》に滞在しました。西上した武断派を中心とする味方は、美濃国岐阜城《ぎふじょう》を血祭りに上げ、合渡《ごうと》に陣取る敵を蹴散らし、布陣しました。これが「**東軍**」の先発隊です。

大坂城の毛利輝元を総大将、石田三成を中心とする西軍は、10万余り。東軍は当初4〜5万なので、総大将の家康が東海道を西上し着陣するまでに仕掛けていれば、勝てたかもしれません。西軍は仕掛けるべき好機を見逃してしまったのです。

9月14日、家康が到着。翌15日の朝から美濃国関ヶ原で決戦が行われました（**関ヶ原の戦い**）。

西軍は小早川秀秋らの裏切りで総崩れとなり、多くの武将・兵が討たれました。石田三成・小西行長・安国寺恵瓊の3人は、京都の六条河原《ろくじょうがわら》で首を刎《は》ねられました。長束正家は自刃、増田長盛は武蔵国岩槻城《むさしのくにいわつきじょう》に預かりとなります。宇喜多秀家は3年間の潜伏後に八丈島《はちじょうじま》（東京都）に流されました。大坂城にいた安芸国《あきのくに》（広島県）を中心に120万石を領していた毛利輝元は、一族の吉川広家が東軍に内通したことから、一時は改易《かいえき》が決まるも周防《すおう》・長門《ながと》2カ国（山口県）37万石に転封《てんぽう》（減封《げんぽう》）で落ち着きます。会津120万石の上杉景勝は、出羽国米沢《でわのくによねざわ》30万石に転封となります。

それに対し、家康と交流が深く、もとは東軍につく予定だった島津義弘は、本領である薩摩国《さつまのくに》と日向国《ひゅうがのくに》（宮崎県）が安堵《あんど》されました。立花宗茂は大津城を攻めた敵なのに、「役に立つ者」として多くの知行《ちぎょう》が与えられます。凡人には、よく理解できない処置です（と、作者は認めたくない様子）。

本多正信《ほんだまさのぶ》に対する作者の批判　――徳川家中にも文治派と武断派――

一方、家康らの東海道に対し、東山道《とうさんどう》〔中山道〕を進んだ秀忠率いる徳川勢の主力

3万8000は、行きがけの駄賃にと信濃国で真田昌幸の上田城を攻めます。

秀忠はまだ21歳と若いので、家康は譜代衆の本多正信を補佐役につけていました。正信は（「徳川四天王」榊原康政もいたのに）しゃしゃり出て、真田を相手に貴重な数日を失います（第二次上田合戦）。鷹匠《たかじょう》出身の正信に、人間の合戦を指揮した経験など皆無でした。そんなわけで秀忠は決戦に間に合わず数日後に到着し、家康を激怒させたのです。すべては第二次上田城合戦における正信の指揮が原因でした。どんな場合、何事につけても**適材適所は大事**という話（武官タイプの作者は文官タイプの正信が幅を利かせることが納得できないようです）。

戦後、家康は大坂城の秀頼に「腹を切らせる」と思われましたが、慈悲深いことに、220万石から摂津《せっつ》・河内《かわち》・和泉《いずみ》60万石への減封で済ませました。そして、予定通り秀頼と孫・千姫《せんひめ》の結婚を許したのです。

まとめ

戦いもせずやたらと「腹を切らせる」と言う時代
――武断派から文治派への過渡期――

武官タイプの筆者は、死ぬことがわかっていてあえて伏見城で最期を遂げた鳥居元忠を「三河武士の鑑《かがみ》」と絶賛しています（第一次上田合戦では「腰抜け」扱いでしたが）。

文武のバランスがよい井伊直政は、黒田父子との外交政策に加え、関ヶ原では家康の四男で娘婿の松平忠吉《ただよし》とともに出陣、福島正則を出し抜いています。これが理想なのかもしれませんが、「徳川四天王」とはいえ、彼は遠江《とおとうみ》の出身です。

そして、三河出身の本多正信は、三河の一向一揆で家康に敵対した後、行方《ゆくえ》をくらまして他の人間に仕えた後、20年近く経ってから帰参した人間です。しかも徹底的な文官タイプ。

三河武士であり、一度も裏切ったことのない徹底的な武官タイプの大久保《おおくぼ》一族は、この時期、家臣団内で過渡期にありました。それは豊臣政権内でも同じ。

家康は、戦いがもうすぐ終わり、自らに天下が転がり込んでくることを、確信に近い状態で解っていたようです。織田《おだ》は明智《あけち》を挟み豊臣に「下剋上《げこくじょう》（下が上に克《か》つ）」されました。ならば豊臣が徳川に下剋上されても文句は言えません。そこは武官としての猛々しさ。天下を引き継いだ後、信長・秀吉個人のカリスマに頼りすぎて未整備だった織田・豊臣政権とは違い、徳川政権＝江戸幕府を盤石《ばんじゃく》のものとするには、次なる下剋上の芽を摘《つ》み、文官に整備を任せるのが筋と思っていたのでしょう。

だからこそ、すぐに嫡男・秀忠に将軍の座を（名目上）譲るのです。現代社会でも、**政治家・経営者が迷いに迷う「2代目問題」を見事に捌《さば》けたのは、信長・秀吉という「反面教師」に家康が学んでいたという証明でもありました。**

22 謀略――あの手この手で豊臣《とよとみ》を追い込む

慶長《けいちょう》19（1614）年【72歳】　大坂《おおさか》冬の陣

「天下分け目の戦い」を制した家康《いえやす》は慶長8（1603）年、征夷大将軍《せいいたいしょうぐん》となり、江《え》戸《ど》に幕府を開きました。諸大名には江戸城の普請《ふしん》を命じ、東海道《とうかいどう》や中山道《なかせんどう》を整備、京《きょう》・大坂など主要都市や港を直轄として、全国支配に乗り出したのです。ところが、豊《とよ》臣秀吉《とみひでよし》の子の秀頼《ひでより》は一向に、家康に従う気配を見せません。家康は武家の棟梁《とうりょう》たる将軍職が徳川家の世襲であることを世に示すべく、わずか2年で職を辞すと駿府《すんぷ》に隠居し、三男の秀忠《ひでただ》に後を譲りました。大御所《おおごしょ》と称し、実権を握り続けた家康はさらに豊臣方を追い込みます。慶長19（1614）年、方広寺《ほうこうじ》の鐘に彫られた銘文《めいぶん》が物議をかもすことになるのです。

見どころ

大坂冬の陣

慶長19（1614）年、「国家安康《こっかあんこう》」「君臣豊楽《くんしんほうらく》」と刻まれた京都・方広寺の鐘銘《しょうめい》を「家康の名を引き裂き、豊臣が栄えるとは何事か！」と家康が（金地院崇伝《こんちいんすうでん》の入れ知恵で）ゴネたことで、徳川と豊臣は一触即発状態となります。

豊臣秀頼は、諸国の牢人《ろうにん》をかき集めます。朝鮮出兵の後も大坂城の蔵に残る金銀を牢人たちに分け与え、養っていたのです。その数が十万余にもなると耳にした家康は、次のいずれかの条件をのむよう、秀頼に伝えます。すなわち、「秀頼が江戸に参勤する、お袋様（淀殿）を人質として江戸に置く、別の領地をあてがうので大坂城を退去する」というものでした。秀頼は「とんでもない！」と返し、ますます多くの牢人を召し抱え、城を改修し、鉄砲の手入れもして戦いの準備を進めるばかり。

その時、宿老の片桐且元《かたぎりかつもと》（もと加藤清正《かとうきよまさ》・福島正則《ふくしままさのり》らと並ぶ「賤ケ岳《しずがたけ》の七本槍《しちほんやり》」の一人）は、秀頼にこう意見したそうです。

「もはや、どうこう言っている場合ではありません。ここは家康の思い通りなんなりと従い、お袋様も江戸へおやりになるほうがよろしいかと」。

すると、淀殿側近の大野治長《おおのはるなが》や豊臣家の重臣が続々と集まってきて、「淀殿を江戸に差し出すなどもってのほか。且元は家康に内通しているので、処罰せよ！」などと訴えます。且元は大坂城にいられなくなり、自らの居城へ引き揚げました。

「（秀頼の徳川に対する）謀反《むほん》の動きに間違いはない」と見た江戸幕府では、全国の諸大名に軍役を課し、大軍が大坂へと押し寄せてきました。その侵攻を防ごうと、豊臣方では淀川の堤防を切って水をあふれさせ、城に攻め寄せにくくして備えます。また、真田信繁《さなだのぶしげ》〔幸村《ゆきむら》〕は大坂城の南に「真田丸《さなだまる》」という出城を築きました。

さて、京都の二条城《にじょうじょう》・伏見城《ふしみじょう》をそれぞれ出陣した家康・秀忠父子は、軍勢を迂回させて奈良《なら》から法隆寺《ほうりゅうじ》、道明寺《どうみょうじ》、平野《ひらの》へと押し出させます。

大御所・家康と将軍・秀忠は包むように大坂城を取り囲みます。その数20万。城からは周辺各所へ援軍を送り込み、10万の軍勢で守りを固めていました。

徳川方は大坂城を四方から取り囲み、高地を築いて大砲を据え付けます。また、運河の取水口をふさいで天満《てんま》と船場《ふなば》の川の水を止め、天地に響き渡るほどの鬨《とき》の声《こえ》をあげて攻めたてます。しかし……。

たとえば松平忠直《まつだいらただなお》（家康の次男結城秀康《ゆうきひでやす》の子、越前福井《えちぜんふくい》藩主）と井伊直孝《いいなおたか》（直政《なおまさ》の子、近江彦根《おうみひこね》藩主）が城に乱入しようと堀に飛び込み土塁を乗り越え、もう少しというところまで行ったものの、周囲の大名は助けようともせず、高みの見物。一方、敵方はこれを見るや、他の城門を放置して応援に駆けつけ、折り重なるようにして攻撃を防いだため、徳川方は乱入することなく引き揚げました。このように**「攻める」徳川方は統率がとれておらず、「守る」豊臣方は団結して必死**でした。

それでも大砲による砲撃に、もちこたえられないと見た豊臣方は、「城に残る」ことを条件に和議を申し出ました。家康は「城の外郭《がいかく》を取り壊すなら、その条件で和議を許そう」と提案。豊臣方はこれを承諾し、ついに講和が結ばれたのです。

先を争うように乱入した徳川方の軍勢は、さっそく外郭の塀、櫓《やぐら》を壊し、わずか1

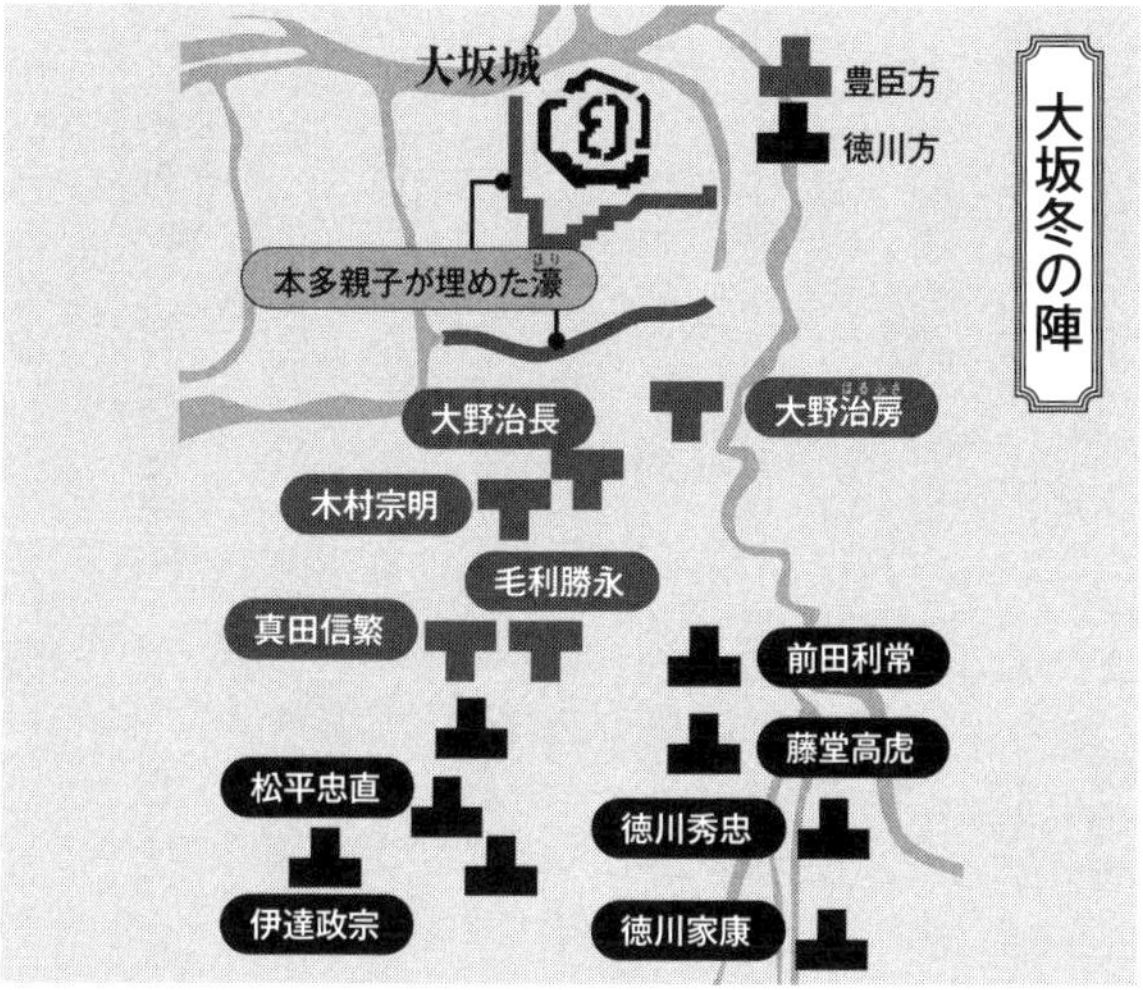
大坂冬の陣
豊臣方
徳川方
大坂城
本多親子が埋めた濠《ほり》
大野治長
大野治房《はるふさ》
木村宗明
毛利勝永
真田信繁
前田利常
藤堂高虎
松平忠直
徳川秀忠
伊達政宗
徳川家康

日のうちに外堀を埋めてしまいました。次の日にはさらに二の丸《にのまる》に入り、塀と櫓を壊し、石垣も壊して内堀を埋めてしまいます。この所業に豊臣方は口々に、「城の外郭だけを壊すという約束だったのに、二の丸まで壊すのは話が違うではないか」と抗議しました。しかし、徳川方は「外郭を壊し、本丸《ほんまる》は壊さないという約束は守っている」と言うと、問答無用に破壊作業を強行し、大坂城は本丸を残し、裸城となってしまったのです。

家康は先に京都に帰陣しましたが、

秀忠は残って後始末をし、数日後に京都に戻りました。

まとめ　詭弁《きべん》の連発　――もはや武力より智略なのか――

家康は関ヶ原《せきがはら》の戦い後、全大名に対する指揮権の正統性を得るため**征夷大将軍**となり、**江戸幕府**を開きました。そして2年後に将軍職を秀忠に譲り「天下は回り持ち」とする**下剋上の思想を否定・根絶**します。「ずっと徳川」なのです。

慶長7（1602）年には駿府《すんぷ》へ隠居するも、伏見と往復しつつ**大御所**（前将軍）として実権を完全に握り、金地院崇伝・南光坊天海《なんこうぼうてんかい》・本多正純《ほんだまさずみ》（正信《まさのぶ》の子）ら側近を駆使しています。江戸では正信が2代将軍を補佐（というより監視）しており、実質的に「大御所政治」が行われていました。

関ヶ原後の論功行賞《ろんこうこうしょう》も思うがまま、諸大名には江戸城の普請《ふしん》を命じ、大坂城の豊臣秀頼は孫娘の婿、江戸城の将軍秀忠も思うがまま（関ヶ原遅刻してますし……）。まさに家康は天下人。ホトトギスは鳴きまくりです。

ただし、いくつか懸念がありました。それが**難攻不落の名城・大坂城**（とその蔵に眠る金銀財宝）と**天皇から授かった氏「豊臣」**ブランドです。一門衆《いちもんしゅう》は親藩《しんぱん》大名、譜代衆《ふだいしゅう》は譜代大名か旗本《はたもと》・御家人《ごけにん》になって「江戸幕府」を構成していますが、今は亡き豊臣秀吉の息がかかった者も多い外様《とざま》大名は、この先、どう転ぶかわかりません（絶対に転ばないのはたぶん藤堂高虎《とうどうたかとら》くらい）。特に関ヶ原の西軍方だった大名は、減封・転封になっており不満たらたらですし。

そんな懸念もある中、慶長16（1611）年、家康は8年ぶりに秀頼と面会します。大坂城から京都の二条城へと挨拶に来させたのです。ところが……。

加藤清正・片桐且元らを連れて、「巨人」がやってきました。孫の千姫《せんひめ》と結婚した時は10歳だった少年は、18歳の2メートル近い屈強な若者（しかも「豊臣」ブランドのセレブ）となっていたのです。

当時の平均身長は150センチメートル台。「天下分け目」の関ヶ原以降は平和になったとはいえ、まだまだ戦国・安土桃山《あづちももやま》の「荒ぶる」「ばさら」な世相は残っています。総大将に「強そう」という要素は必要不可欠。しかも「若い」「名門」の秀頼に、「タヌキ」「じじい」「名門（仮）」の家康は圧倒されてしまいました。ここでどうやら、自分が死ぬまでに豊臣を滅亡させねば、と思ったようです。3年後、秀頼や淀殿を**詭弁を弄《ろう》した**「方広寺鐘銘《しょうめい》問題」で挑発し、大坂冬の陣に持ち込んだのです。

全国すべての大名は徳川方につき、豊臣方には牢人のみ。勝敗は最初からついていました。だからこそ「攻める」側は、なるべく損害を出したくないと、まったく統率《とうそつ》が取れていません。武官タイプの大名が突っ込んでいっても援護がないのです。「守る」側のほうが必死で団結しています。彼ら牢人にとってこの戦はチャンスです。

そこで文官タイプが考えたのが、**さらなる詭弁**です。「外堀のみ埋めさせろ」と和議を認めておきながら「内堀も埋めちゃった」です。現代でいえば、自宅に送って行き「ちょっとトイレ貸して」「お茶一杯だけ」が、それで終わらない男と同じです。『三河物語』作者は悩むでしょうけれど、もはやこのような時代だったのです。

23 決着――最後の敵を滅ぼし乱世収束

慶長《けいちょう》20／元和《げんな》元（１６１５）年【73歳】　大坂夏の陣

豊臣秀吉《とよとみひでよし》が生前、総力をあげて築いた大坂城《おおさかじょう》は三方を川に囲まれ、外郭《がいかく》（総構え）をも整備した難攻不落の名城でした。慶長19（１６１４）年の大坂冬の陣では、徳川《とくがわ》方が20万近い大軍で城を取り囲みながら、なかなか攻め落とすことができません。しかし家康《いえやす》の計略により、豊臣方との和議に乗じて一気に二《に》の丸《まる》の堀まで埋められ、本《ほん》丸《まる》だけが残された大坂城は、裸城と同様でした。翌年に夏の陣が始まると、豊臣方はもはや籠城戦に持ち込むことができませんでしたが、家康の本陣に突入するなど果敢に戦います。しかし、やがて本丸に火の手があがりました。ついに秀頼《ひでより》・淀殿《よどどの》の母子が自害して果てたのです。応仁《おうにん》の乱（１４６７～77年）以来、１５０年に及んだ戦乱の時代が、ようやく幕を下ろしたのです。

見どころ

大坂夏の陣

家康、秀忠《ひでただ》父子は慶長20（1615）年正月、それぞれ駿府《すんぷ》と江戸《えど》に戻りました。「ここまできたら、豊臣方が再び挙兵しても安心だ」と考えたからです。

ところがその知らせは早くも2月に届きました。秀頼が反乱を企てた、というのです。

豊臣方は手始めに和泉国《いずみのくに》（大阪府南部）堺《さかい》の街を焼いて、攻撃の狼煙《のろし》を上げました。大野治長《おおのはるなが》、真田信繁《さなだのぶしげ》〔幸村《ゆきむら》〕、明石全登《あかしてるずみ》らが「京都《きょうと》と大津《おおつ》も焼き払い、瀬田《せた》の唐橋《からはし》と宇治橋《うじばし》も焼き落とし、奈良《なら》も焼こう」などと怪気炎をあげていると、早くも駿府から家康の軍勢が京都に到着。続いて江戸からも、昼夜休まずに進軍した秀忠が伏見《ふしみ》に着き（今回は遅刻できない）、豊臣方の計画は実行に移せなくなったのです。

家康は5月5日、京都を出陣します。大坂城からは6日、後藤又兵衛《ごとうまたべえ》をはじめとする面々が道明寺《どうみょうじ》方面へと進撃し、大和国《やまとのくに》（奈良県）竜田《たった》方面から進軍してきた松平忠輝《まつだいらただてる》（家康の六男・越後高田藩主）、伊達政宗《だてまさむね》（陸奥仙台《むつせんだい》藩主・忠輝の舅《しゅうと》）、松平忠明《ただあき》（伊勢亀山《いせかめやま》藩主）、水野勝成《みずのかつなり》（三河刈谷《みかわかりや》藩主）の軍勢と遭遇。その時、松平忠明《ただあき》と水野勝成《かつなり》の軍勢が一つとなり、豊臣方の後藤又兵衛を破りました。又兵衛は討たれ、他の軍勢も敗退し、徳川方の追走を受けて、大坂城を目指して逃げ帰ったのです。

平野方面には、大坂城から長宗我部盛親《ちょうそかべもりちか》、木村重成《きむらしげなり》が出撃してきましたが、井伊直《いいなお》孝《たか》と藤堂高虎《とうどうたかとら》（伊勢津《いせつ》藩主・外様《とざま》なのに家康の側近のような大名）の軍勢が攻撃をしかけ、重成を討ち取ります。敗残兵は逃げ、徳川方は追い討ちをかけました。

翌7日には家康・秀忠の両本隊が大坂城近くに攻め寄せます。「赤備え」を揃《そろ》えてきた真田信繁が天王寺《てんのうじ》へと軍を進め、茶臼山《ちゃうすやま》から家康本陣に突進して追い詰めますが、あと一歩及ばず。将軍の秀忠は奮戦して敵を切り崩し、手柄は大変なものでした。

そのうち大坂城に火の手があがります。城下町までが、ことごとく焼き尽くされてしまったのは災厄でした。混乱の中で、同士討ちまで起こる始末。天守《てんしゅ》に火がまわり、千畳敷《せんじょうじき》の大広間も焼けたため、秀頼は淀殿や女房たちを伴い本丸の北にある山里曲輪《やまざとくるわ》へと避難しました。

そこで家康は直孝に命じ、降伏を勧めさせたところ、豊臣方からは大野治長が「出頭しますので、城から出るための乗り物を2、3挺《ちょう》、用意してください」と悠長な事を言います。呆《あき》れた家康は承知せず、「淀殿だけは乗り物で、他の者は馬や徒歩で出てくるがよい」と返しました。その後も何だかんだ言って、秀頼らが一向に出てくる気配がないので、しびれを切らした徳川方が鉄砲を撃ち込むと、もはやこれまでと、秀頼と淀殿の母子は自ら火を放ち、自害しました。他の側近たちも従います。10歳ほどになる若君は、守役に連れられ伏見までは逃げ落ちたのですが、捕えられ、獄門となりました。家康のひ孫でしたが、容赦しません。

一方、恩知らずに逃げ出し、各地で捕まった者も多数いました。もはやそういう世の中だったのです。

因果応報《いんがおうほう》　――作者の一人語り――

やはり因果応報というものはあるのでしょうか。豊臣秀吉はその昔、草履《ぞうり》取りをしていましたが、織田信長《おだのぶなが》の取り立てにより大名となり、ついには太閤《たいこう》と呼ばれるまでに成り上がった人。しかし、その御恩を忘れ、織田《おだ》家を下剋上しています。

秀吉の子である秀頼は、家康さまを討ち取ろうと何度も企《くわだ》てました。1度目は大坂で、2度目は伏見で諸大名に命じ、3度目は会津《あいづ》征伐の折に大坂城で伏見城攻めを許可（鳥居元忠は立派な最期でした）、4度目は多くの牢人《ろうにん》を集め敵対した大坂冬の陣、5度目が今回の夏の陣です。

家康さまは4度目までは赦《ゆる》し、命は助けようと思われたのですが、5度目に至って「ここで腹を切らせよう」とお決めになり、豊臣を下剋上したのです。

このように見てくると、因果応報というものはやはり、あるのでしょう。

御旗奉行《おはたぶぎょう》一件　――作者の心意気――

家康さまの御旗奉行たちが今回の合戦で、オロオロと逃げ回ったことを耳にしたでしょうか。保坂《ほさか》と庄田《しょうだ》という、戦場での武勇など何もない者どもです。

一方、御槍奉行に東国武士の若林直則《わかばやしなおのり》と私、三河武士の大久保彦左衛門《おおくぼひこざえもん》がいました。我ら大久保一族は、家康さまの7代前のご先祖から松平・徳川家に仕えてきた譜代衆《ふだいしゅう》です。

「実力が認められてお旗を任されたのだ」と勘違いしている御旗奉行の2人は、日頃から御槍奉行の我らを見下しており、ろくに話をしようとしませんでした。

我らは「おかしな奴らだ。お上に取り入って旗を任されただけで、武勇もたかが知れたもの。明日にでもわかることだ」「事が起きれば、旗を持って主君に従う作法も知らんような奴らよ」「えこひいきで奴らを取り立てた、本多正信らの度量も知れたものだ（文官タイプの極み）。こんな奴らが戦場での手柄に意見をするとは、笑止千万。事が起きれば恥をかくことになるぞ」などと話しておりました。

　家康さまが岡山《おかやま》（大阪市生野《いくの》区）の砦に入った時。御旗も住吉《すみよし》までは押し進めたものの、御旗奉行らは家康の居場所がわからなくなり、御槍奉行の我々に尋ねてきました。我らは「そなたらは実力を認められて御旗を任されたのではなかったのか？　このような時にこそ、その眼力を発揮してはどうだ（笑）」と最初は相手にもしなかったのですが、何度も訊《き》くので、私、大久保彦左衛門が「それなら、あそこの塚に２人で駆け上り、家康さまの御馬印《おうまじるし》を見つけ、そちらへ進まれよ」と助言しました。彼らはその通りやってはみたものの、御馬印が見えないと阿呆のような事を言います。「それなら阿倍野《あべの》の原《はら》へ進まれよ」と言ってやると、天王寺を目指してヨタヨタ進んで行きました。その途中、御旗が立っているところへ私が駆け寄り、保坂に対し「何をしている！　敵のすぐ近くで、どうして御旗をフラフラさせるのだ。我ら三河武士は、これまで一度でも、（徳川家康の象徴である）御旗をそのようにヒラヒラさせ敵に怯《ひる》んだことはないぞ！　しっかりせんか！」と言ったのですが、返事がありません。

馬鹿なのでしょう。

そうこうするうちに茶臼山《ちゃうすやま》の東で、ようやく家康さまを見つけることができた模様。ほどなく天王寺あたりで銃声が聞こえ、合戦が始まったとき、旗はなぜか田んぼの中に立っていました。そこで槍の軍勢を旗の軍勢の前に出すと、先ほどの馬鹿が走り寄ってきて、「槍を前に出すなど、我らは納得できない」と言います。私は「つべこべ言うな！　いざ合戦というときに、槍が前に出ずしてどうするか！　旗でヒラヒラ叩き合うのか、この馬鹿が、下がっておれ！」と言うと、物も言わずに帰っていきました。

ようやく家康さまの御馬印が天王寺方面にあるのを見つけ、そちらへ御旗を押し進めたときです。天王寺の南で味方が突然崩れて逃げてきたため、辺りは大混乱。２人の御旗の軍勢も見えなくなりました。あり得ないことです。文字通りの旗本＝側近中の側近のはず。御槍の軍勢が、代わりに（遠巻きに）面倒を見るしかありません。

家康さまは途中で天王寺の方へ引き返し、道のわきに馬を控えさせていました。そばには小栗久次《おぐりひさつぐ》の他は誰もおらず、散り散りになっていたのです。天下の大御所が戦場でふたりぼっち？　あり得ない！

御旗の軍勢は皆、逃げたのでしょうか。または前線に出て戦ったのでしょうか（ンなわけない）。いずれにせよ、傍《そば》には姿が見えませんでした。

そもそも御旗奉行の2人は旗の周囲にも姿がなかったのですが、時が経ってから例の馬鹿保坂がやってきました。もう一人の庄田も「敵が鉄砲を撃ってきたので、我らも前線へ出て鉄砲を撃とうとした」と言ったのですが、それが事実なのか、実は逃げていたのか、本当のところは誰にもわかりません。たとえ、前線に出て鉄砲を馬や鹿に向けて撃っていたとしても、任された旗の傍を離れてしまったのは、申し開きのできないことですがなあ……。

まとめ

家康生涯最大の危機

徳川家康は、三方ヶ原《みかたがはら》の戦い（1572年）で武田《たけだ》の名将・山県昌景《やまがたまさかげ》の「**赤備え**」に敗れています。その後、長篠《ながしの》の戦い（1575年）で山県を討ち取り、天目山《てんもくさん》の戦い（1582年）で武田を滅ぼした時、「赤備え」を井伊直政《なおまさ》（家康の小姓《こしょう》上がりの「徳川四天王」）が吸収合併し「**井伊の赤鬼**」とまで言われました。

直政は関ヶ原《せきがはら》の戦い（1600年）で先陣の功を挙げますが、負傷して、その後亡くなります。これを継いだのが「**井伊の赤牛**」の直孝でした。大坂冬の陣（1614年）では活躍できず、リベンジのつもりで大坂夏の陣（1615年）では奮闘します。

茶臼山から家康の本陣に突っ込んできたのが、**真田六文銭の旗で有名な「赤備え」**真田信繁〔幸村〕です。この時、井伊隊に孕石泰時《はらみいしやすとき》（家康の人質時代に意地悪な隣人で、のち高天神城《たかてんじんじょう》で切腹させた元泰《もとやす》の弟）がいたのは奇跡としか言いようがありません。彼は、兄と違い優しい性格だったので家康をいじめていませんが、今川氏真《いまがわうじざね》が武田信玄《しんげん》に攻められた後、武田の山県隊のメンバーとなっていたのです。それが井伊隊に生き残っていたということです。

真田信繁が、この孕石泰時という老将と「赤備え」どうしで一騎打ちして家康が九死に一生を得たならこれ以上のストーリーはないですが、事実はわかりません。

とにかく家康は、旗本衆が散り散りになりながらも生き残り、小栗とふたりぼっちでホッと一息ついているところを大久保彦左衛門に見られた、ということです。

真田信繁は、後に家康によりわざとらしく「日の本一の武士」と称えられることになります。これはじつは、「この男が最後の武士で、世の中は平和になった」という江戸幕府のアピールだったのです。武官から文官へ。そういう時代でした。家康もまたここで「赤備え」のトラウマを克服し、武官たる自分へ別れを告げたのでしょう。

24 激怒――大久保《おおくぼ》一族の忠誠心は伝わるか

元和《げんな》元（1615）年【73歳】 大坂《おおさか》の陣論功行賞《ろんこうこうしょう》

関ヶ原《せきがはら》の戦いから15年。しばし訪れた平穏《へいおん》な世の中は、武士の心構えに緩《ゆる》みをもたらしていたようです。豊臣《とよとみ》方との対立に決着をつけた大坂夏の陣（1615年）の乱戦の中、家康《いえやす》から軍旗を任された重職の旗奉行《はたぶぎょう》らが主君の姿を見失い、オロオロするという大失態を演じました。重臣の間には「戦場で旗が見えなかった」という批判が広がり、家康も「逃げたのか」と疑って大いに怒ります。しかし、それまで旗奉行の軟弱ぶりを冷ややかに見ていた槍奉行の大久保彦左衛門《ひこざえもん》は一転、あくまでも「旗は立っていた」と言い張りました。家康の機嫌を損《そこ》なってまでも抗弁《こうべん》したのは、戦場で起きた不名誉な事実を認めれば、徳川の家名に傷がつき、晩年の家康には汚名《おめい》を挽回《ばんかい》する機会もないと見越したためでした。主君を思う忠義からとった行動だったのです。

見どころ　武功とは ――『三河物語』作者の考え――

その後、家康さまは京都で、大坂の役（冬の陣・夏の陣）の論功行賞《ろんこうこうしょう》をしました。その際、僧侶の金地院崇伝《こんちいんすうでん》に会って手柄の証人をお願いしたという者もいれば、医者の宗哲法印《そうてつほういん》に会って証人をお願いしたという者もいました。仲間うちで、お互いに手柄の証人となる者もいました。いずれも実におかしな話です。

昔は僧侶や医者を手柄の証人に立てるような者がいたら、相手にもしなかったものです。今は世も末なのでしょうか。僧侶や医者が手柄の脈をとり、診察すれば、それで手柄となるような次第ですから。昔は何度も自ら手柄を立てた武勇の人こそを、手柄を認める証人に立てたものです。私、大久保彦左衛門一代のうちに、敵の顔が赤いか黒いかも知らないような、つまり最前線に出たこともないような者を証人に立てるようになる時代になるとは、腸《はらわた》がよじれて痛いほどおかしな話です。

もちろん、家康さまは何度も合戦の経験を積み、日本国内はもとより外国にまで名を知られた武勇第一の人物、「海道一の弓取り」です。これはおかしいと思う手柄の証人も、適当に聞きおいたのでしょう。そのため自分の言い分が通ったものと思い、手柄顔をしている文官タイプの者も多い有様です。

そんな様子を見て、昔ながらの強者、武官タイプの者たちは、目配せをしあったり、鼻先で笑ったりしていました。

近頃では手柄の種類も多くなりました。昔は敵が崩れかかったときの働きは、手柄とは呼ばなかったものです。敵が崩れてしまう前に、敵味方が互いに攻めたり、守ったりしている最中の働きのみを、優れた手柄として褒め称えたものです。

味方が退却する際に踏み留まるような働きこそ、なかなかなし得ないもの。このような場合、激しく迫りくる敵に立ち向かえるのは、たかだか数名です。その働きを、昔は「退《の》き口《くち》の手柄」と呼んで賞賛したのです。

近頃はまた、面白いことを言いますね。兜《かぶと》をつけたまま敵の首をとることを「もぎ付」と言うとか。昔はこんな評価はしなかったので、当世の流行なのでしょうか？

昔は、たとえ小者、中間《ちゅうげん》、人夫の首であっても、敵味方が互角に戦っている最中にとった首や、槍で突き伏せてとった首、敵陣深く斬り込んでとった首であれば、どんな首でも手柄としたものです。今度の大坂の役のように、逃げる敵を追いかけ回してとった首は、たとえ兜付きの首であれ、大将の首であれ、手柄を立てたことにはなりませんでした。それなのに、大坂の役で「兜首をとった」などと吹聴《ふいちょう》する者がいたとは、まさにおかしな話です。

旗奉行詮議

今度の合戦で、例の御旗奉行の者たちがオロオロしたことを、家康さまは聞いていたのでしょう。

ふたりぼっちの時まで傍にいた小栗久次《おぐりひさつぐ》と、私、大久保彦左衛門が御前に出ておりましたら、広間にお出になった際、私をご覧になって「お前はあの時、旗についてやってきたのか？」とお尋ねになりました。「いえ、私は御槍についておりました」とお答えすると、「いや、お前は旗についていたのだろう？」と再びお尋ねなので、「いえいえ、御槍についておりました」と、また答えます。

すると、「違うだろう？」とさらに詰問されたので、「絶対に御槍でした」とお答えしました。**家康さまは、事実ベースの確認をしたかった**のです。しかし私、7代にわたり仕えてきた大久保一族の私が、たとえ御旗奉行の2人が逃げ出していたとはいえ、「大御所・家康の御旗の軍勢が逃げ出して散り散りになった」などと世間に噂されるようなことを良しとできましょうか？ **事実などどうでもいい**のです。

「彼らは逃げておりません、私は御槍奉行として近くにいたので、見ています。戦場で小栗とふたりぼっちだった家康さまと、会ってなどおりません」と突っぱねるのです。それが本物の松平・徳川の譜代衆、三河武士というものでしょう。

すると今度は、「ならば旗には誰がついていたのか」とお尋ねになり、馬鹿の保坂《ほさか》と庄田《しょうだ》がついていたことを申し上げると、「なに、庄田、庄田、庄田……」と3度までつぶやかれたのですが、下の名の「三太夫《さんだゆう》」はお忘れになっていて、ついに出てきませんでした（ま、偽物はそんなもんです）。

数日後、水野勝成《みずのかつなり》が参上し、小栗と私もいた時、家康さまは書院に出てこられ、水野に「今度の戦いはどうだった？」と尋ねました。彼は「船場《せんば》の方から300騎ほどで住吉《すみよし》の方に参りましたが、そのうち30騎ほどが天王寺《てんのうじ》の土塁あたりで行方《ゆくえ》知れずとなってしまいました」と申し上げました。

すると、家康さまは「お前はそこにいたのだから知っていよう」と私に尋ねます。私は「天王寺の土塁《どるい》の方から真っ直ぐな道があり、その道を茶臼山《ちゃうすやま》から岡山《おかやま》の方へ行く本道に出て、逃げて行く者がおりました。敵味方の区別はつきませんでした」と答えました。そう、水野隊は逃げてもいいのです。天下の大御所《おおごしょ》の御旗奉行とは違う。

すると家康さまは「さてさて、腰抜けどもだ……」と言いました。

彦左衛門一人崩れず

その翌日、二条城《にじょうじょう》で、一門衆《いちもんしゅう》の松平正綱《まつだいらまさつな》が「やはり戦場で御旗は見えなかった」と発言しました（しつこい）。

譜代衆《ふだいしゅう》の私が「7本の御旗が立っていたのに、どうしてそんなことをおっしゃるのか」と言うと、彼は「ここにお出での方々は見られたか」とまわりに尋ねます。一門の重臣の問いかけに恐れをなしたのか、大勢が口々に「私も見なかった」と答えると、彼も「ほれ、御旗は立っていなかったに決まりだな」と言いました（彼もまた違う種類の馬鹿なのでしょう）。

それでも私は「おのおの方は闇夜《あんや》にご覧になり、私は月夜に見たからでしょうな」と譲りません。当たり前です。

家康激怒

そんな折、「御槍奉行は集まれ」との命があり、私も参上しました。ちょうど御座所に戻るところだった家康さまが私をご覧になり、向かってきて、「おい、お前が本当に御槍奉行をつとめたのか」としつこくお尋ねになるので、「その通りです」と答えると、家康さまの様子が変わり、以下のやりとりになりました。

先日、私が家康さまに会ってない、と言ったことを蒸し返して、

「ならばお前は戦いの間、どうして私に直《じか》に付いてこなかったのだ！」

「御槍は御旗につきそうべき道具なので、御旗のあるところに一緒におりました」

「旗は立っていなかったのではないのか」

「いえ、立っておりました」

「皆が旗は見えなかったというからには、立っていなかったはずじゃ」

「なんと仰《おお》せられても、お旗は立っておりました」

脇差を握りしめた家康さまが、畳を強く杖で突きながら「決して立っていない！」とおっしゃると、私も「御旗は立っておりました！」と言い張る。

ついに本多正純《ほんだまさずみ》（正信《まさのぶ》の子）がやってきて私の手を取り、連れ出しました（こいつも完全な馬鹿です、そもそもあの正信の子！）。

永《なが》井《い》直勝《なおかつ》が家康さまに「お怒りもごもっとも。ともかく彦左衛門は強情な奴です」

と申し上げると、ようやく腹立ちもおさまったらしいのです。

前述しましたが、私が言葉を返したのには理由がありました。家康さまは御旗奉行がオロオロしたことを聞いたのでしょう。それを憎たらしく思い、逃げた彼らを処罰しようと考えました。これは断じて間違いです。それでは天下の徳川の御旗に、傷をつけることになるからです。

ましてや、取り立てられたお付きの者たちが雁首《がんくび》を揃《そろ》えて「我らもお旗を見なかった」と口にするとは、日本一《ひのもと》のたわけ者、馬鹿の中の馬鹿です。主君のことを考えない、**当座のご機嫌取り**というべき行為なのです。文官タイプの連中はこれだから、何もわかっていないない。

彦左衛門の胸中

繰り返しますが、大久保家は家康さままで先祖7代にわたり仕えてきた家柄なので、徳川の御旗に傷をつけることはできません。たとえ実際は御旗奉行が逃げたとしても、

「逃げませんでした」と伝えるべきなのです。それで首を討たれようとも、主君や後継者の将来を考え、**迎合《げいごう》してはいけない**のです。

何度も合戦をした家康さまですが、旗が崩れたのは30歳の若かりし頃、三方ヶ原《みかたがはら》の戦いで「戦国最強・武田信玄」に敗れた一度だけ。それなのに、73歳になった最後の戦いで旗が崩れたとあっては、その恥をいつ、すすぐことができるというのでしょう。だからこそ、たとえ我が命にかえてでも「御旗は崩れなかった」と言ったのです。

すべては徳川のため。**このような腑抜《ふぬ》けた時代になってしまい、私は行く末が心配なのです。**

25 遺言――後進に託し激動の生涯を終える

元和《げんな》2（1616）年【74歳】 家康《いえやす》死去

大坂《おおさか》の陣《じん》の勝利により、豊臣《とよとみ》方の命運を断ち切った家康は、畿内《きない》に加え西国や東国の諸大名にも命じて、大坂からの落人《おちうど》を捕縛、移送させました。豊臣方の有力な外様《とざま》大名をも徳川の威光に従わせ、明確な主従関係を築いて全国支配を確立する狙《ねら》いがあったからです。こうして260年続く徳川幕府の基盤を固めた家康は元和2（1616）年、病を得ると駿府城《すんぷじょう》にて他界しました。享年《きょうねん》74。この時代の節目に、晩年を迎えていた『三河物語』の作者、大久保彦左衛門《おおくぼひこざえもん》は自ら信じるところを語ります。批判すべきことは批判しながらも、忠義を貫き通してきた彦左衛門です。君主の言葉には大きな力があること、その覚悟一つで大勢の民の命が救われること、だからこそ政治に間違いがあればいち早く正すべきこと、といった胸の内を書き残しました。

見どころ

家康の死

戦国時代から150年以上続いた戦乱の世も大坂夏の陣で終わり。後陽成天皇《ごようぜいてんのう》が慶長《けいちょう》から元和へと改元され「元和偃武《えんぶ》（武器を収めて元の平和）」の世となりました。家康は真田信繁《さなだのぶしげ》の突撃により冷や汗ものでしたが（御旗奉行《おはたぶぎょう》の軍勢に放置されるし……）、ホッと一安心というところです。

元和元（1615）年、家康・秀忠《ひでただ》父子はそれぞれ駿府と江戸《えど》に帰りました。

翌年の正月、家康は鷹狩りに出かけた折、急に病となりました。症状は少しずつ重くなり、4月に亡くなったのです。遺言については謎ですが、世間ではこんな噂が流れておりました。臨終の際、家康は秀忠に「私が死んだら、全国の諸大名を3年間は国許《くにもと》に返さず、江戸に留め置かせるように」と命じた、と。

それを受けた秀忠は「ご遺言は一つも背《そむ》かず、すべてお守りいたします。しかしながら、この一点については、私の考えをお許しください」と言い、こう続けたのです。

「お考えには一理ございますが、もし父上がお亡くなりになれば、むしろ諸大名を国許に帰し、徳川に敵対するものが出てくれれば、その領国に押し寄せて合戦し、残らず踏み潰《つぶ》します。いずれにせよ、天下は一合戦せずには収まりそうにありませんから」

これを聞いた家康は手を合わせ、涙ながらに秀忠を拝みながら「その言葉が聞きたくて申したのだ。ああ、これでいよいよ、天下は静まることだろう」と喜び、ほどなく息を引き取ったといいます。

家臣団は「それにしても、秀忠さまの申されようには感じ入った……」と、舌を巻いて褒め称えたものです。

君主の恵みは広く行き渡り、哀れみは深く、世の中はすっかり落ち着きました。

歴史を振り返れば、中国では遠く殷《いん》の時代に干ばつが3年に及び、草木も枯れ尽し、大勢の人々が亡くなったことがありました。王は大いに嘆き、秘法を用いて雨乞いもしましたが、願いは届きません。王は神々を恨み、「もし我が身に誤りがあるのなら、私を罰してください」と嘆願されたものの、効果は現れません。こうなっては我が身

徳川氏略系図

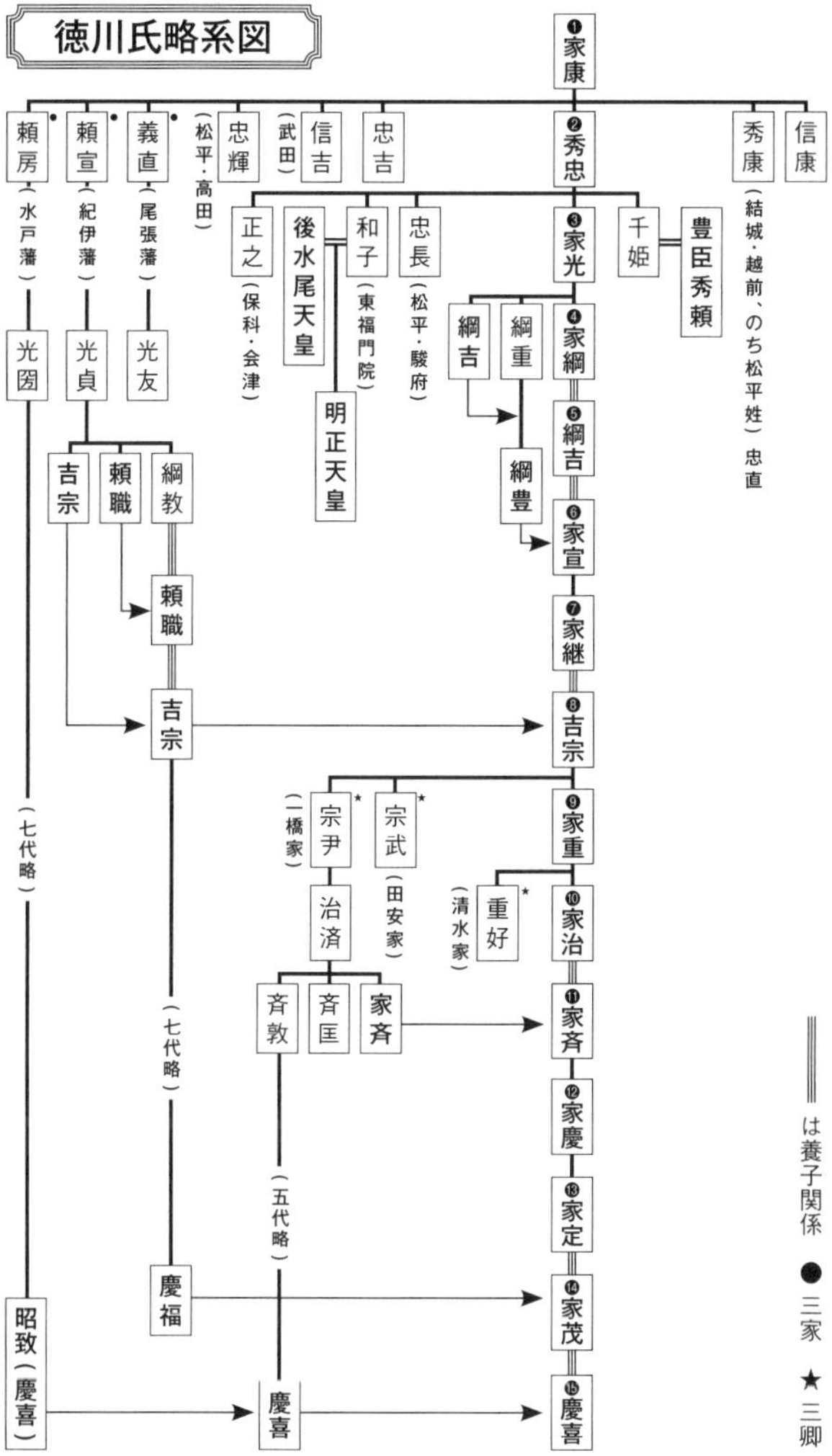
❶家康
❷秀忠
❸家光
❹家綱
❺綱吉
❻家宣
❼家継
❽吉宗
❾家重
❿家治
⓫家斉
⓬家慶
⓭家定
⓮家茂
⓯慶喜
頼房（水戸藩）
頼宣（紀伊藩）
義直（尾張藩）
忠輝（松平・高田）
信吉（武田）
忠吉
秀康（結城・越前、のち松平姓）
忠直
信康
正之（保科・会津）
後水尾天皇
和子（東福門院）
明正天皇
忠長（松平・駿府）
千姫
豊臣秀頼
綱吉
綱重
綱豊
光圀
光貞
光友
吉宗
頼職
綱教
頼職
吉宗
（七代略）
（七代略）
宗尹（一橋家）
宗武（田安家）
治済
重好（清水家）
斉敦
斉匡
家斉
（五代略）
慶福
昭致（慶喜）
慶喜
は養子関係
● 三家
★ 三卿

を捧《ささ》げるまで、とばかりに広い野原に萱《かや》を多く集めさせると、その上に登り「火をつけよ」と命じられました。臣下は固く断ったのですが、王はこう言ったそうです。「もし政治に間違いがあり、芥子粒《けしつぶ》ほどにも乱れたことがあるならば、我が身は焼けてしまうだろう。焼けるほどの身ならば、命を長らえても仕方がない。もし政治に間違いがなければ、天が我が身を守ってくれるはずだ」

王の命令には背けず、臣下が四方から火をつけると、猛烈な炎が山のように燃え上がりました。王は煙を吸って咳《せ》き込み、着衣にも火がつき、目を閉じて手を合わせると経文を十度唱えて、「火坑変成池《かきょうへんじょうち》」と念じた。すると、天はこれを哀れに思われたのでしょう。にわかに大雨が降り始め、山のように燃え盛っていた火は消えたのです。

王は助かりました。慈雨《じう》によって五穀豊穣《ごこくほうじょう》となり、人々も命をつなぐことができました。これもすべて、王の心がけ一つによって成し遂げられたことなのです。

孔子《こうし》の『論語《ろんご》』にも、「過《あやま》ちを改めざる、これを過ちという」という言葉があります。先ほどの秀忠の重々しい言葉ひとつで、いま天下は穏やかに静まり、人々も「めでたい御代《みよ》だ」と話しています。

2代秀忠のイイ話の末、『三河物語《みかわものがたり》』もそろそろ……

さて、以上が、3代将軍家光《いえみつ》につながる松平・徳川11代の事跡のあらましを伝え聞いたものです。歴代の主君は、お慈悲がありました。武勇にもすぐれていました。よき譜代衆もおりました。お情けもお持ちでした。

こうしたことによって、末代になるにつれますます栄えたのは、実におめでたいことであります。

ご主君の武勇・慈悲・お情けと、譜代衆《ふだいしゅう》の忠誠心がすべて、なのです。

まとめ

文武のバランスは永遠の課題

実際、江戸幕府は265年も続き、「パクス＝トクガワーナ〔徳川の平和〕」とまで評価されています。

武官から文官へ、というのはどの政権でも企業でも永遠の課題かもしれません。例えば明治維新期《めいじいしんき》、武官たる西郷隆盛《さいごうたかもり》（薩摩藩《さつまはん》）・板垣退助《いたがきたいすけ》（土佐藩《とさはん》）はお払い箱となり、前者は西南戦争《せいなんせんそう》（1877年）で命を散らします。しかも幼馴染《おさななじみ》だった文官の大久保《おおくぼ》利通《としみち》（薩摩藩）の政府に討たれるわけです。

しかし、文武のバランスがよかった板垣は、武力闘争ではなく言論闘争を挑み、自由民権運動を牽引《けんいん》して日本初の政党である急進的な自由党《じゆうとう》を立ち上げます。これに完全な文官タイプの大隈重信《おおくましげのぶ》（肥前《ひぜん》）が立ち上げた漸進《ぜんしん》的な立憲改進党《りっけんかいしんとう》を合わせたものが、現代の何につながってるかご存じですか？

前者が戦後の自由党、後者が日本民主党《にほんみんしゅとう》、それが1955年に合同したのが自由民《じゆうみん》主党《しゅとう》〔自民党《じみんとう》〕なのです。

細かくいえば、自由党系は自民党の「保守本流」です。吉田茂《よしだしげる》→池田勇人《いけだはやと》→大平正芳《おおひらまさよし》→鈴木善幸《すずきぜんこう》→宮沢喜一《みやざわきいち》→加藤紘一《かとうこういち》→岸田文雄《きしだふみお》の宏池会《こうちかい》。そして吉田茂→佐藤栄作《さとうえいさく》→田中角栄《たなかかくえい》→竹下登《たけしたのぼる》→小渕恵三《おぶちけいぞう》→茂木敏充《もてぎとしみつ》の平成研究会《へいせいけんきゅうかい》。日本民主党系は自民党の「保守傍流《ぼうりゅう》」です。鳩山一郎《はとやまいちろう》→岸信介《きしのぶすけ》→福田赳夫《ふくだたけお》→安倍晋太郎《あべしんたろう》→森喜朗《もりよしろう》→小泉純一郎《こいずみじゅんいちろう》→安倍晋三《しんぞう》の清和会《せいわかい》。

いまお勤めの企業や役所は、文武のバランス、どのような感じでしょうか？　それはGAFAMしかり、Twitterを買収したイーロン＝マスクのテスラしかり。

それは古今東西の課題なのです。

天上の章

その後の徳川家

大久保彦左衛門忠教《おおくぼひこざえもんただたか》の覚悟

家康《いえやす》の人質時代には、戦場で今川《いまがわ》軍の先鋒《せんぽう》に立たされ、**譜代衆《ふだいしゅう》**は常に命がけの日々でした。しかし、そこから主君への揺るぎない忠誠心や、苦境に立っても力を合わせて前に向かう結束心が生まれ、後世著名となる**「徳川家臣団」**の原動力となりました。

そして、今川義元《よしもと》の執政《しっせい》・軍師役であった太原雪斎《たいげんせっさい》の下で薫陶《くんとう》を受けた家康は、代々忠義を尽くしてくれる譜代衆が何より大切な存在であることを理解していました。彼らの忠義や期待に応えるため、家康はさまざまな経験や失敗を重ねながら、**天下人「徳川家康」**にふさわしい器量を身に付けていったと言えるでしょう。

戦国の三英傑《えいけつ》を比較すると……、

革命的で伝統権力を否定した「第六天魔王《だいろくてんまおう》」織田信長《おだのぶなが》は、出自《しゅつじ》や身分にこだわらず、明智光秀《あけちみつひで》や羽柴秀吉《はしばひでよし》、千利休《せんのりきゅう》やルイス＝フロイスらを積極的に登用しました。また、各地の制圧を、大胆に重臣たちに任せました。北陸に柴田勝家《しばたかついえ》、関東に滝川一益《たきがわかずます》、中国に羽柴秀吉を派遣し、四国にも丹羽長秀《にわながひで》を派遣する予定で、手元には明智光秀を置いたのです。それが失敗につながるのですが……。

伝統権力を利用してのし上がった「太閤《たいこう》」豊臣《とよとみ》秀吉は、独裁色が強く、石田三成《いしだみつなり》ら子飼いの五奉行《ぶぎょう》に実務は担《にな》わせましたが、その顧問にはかつてのライバル徳川家康・毛利輝元《もうりてるもと》・上杉景勝《うえすぎかげかつ》を含む五大老《ごたいろう》を付けました。それが失敗につながるのですが……。

これに対し、徳川家康は、酒井《さかい》・榊原《さかきばら》・本多《ほんだ》・大久保《おおくぼ》などの三河《みかわ》武士で周囲を固め、忠義と結束力を重んじました（途中から入り「四天王《してんのう》」となった遠江《とおとうみ》出身の井伊《いい》は本当に信頼されていたということですね）。

一方で、「十四松平《まつだいら》〔十八松平〕」とも呼ばれる**一門衆《いちもんしゅう》はそこまで重用されず、三河統一後は、譜代衆の下に置かれました。**松平氏は、代々一族の離反に悩まされてきたので、そこまで深く信頼できなかったのでしょう。

織田・豊臣の場合は、信長・秀吉個人の卓越した能力にスポットライトが当たりがちです。それに対し、徳川の場合、家康＋譜代衆というセットで天下取りを成し遂げたと見ることができるのではないでしょうか？

家康は、三河統一や東海地方統一までは武官的な武将、関東移封《いほう》や江戸幕府開設時には文官的な武将を徴用するなど、年代・状況により譜代衆を上手に使い分けました。常に命がけで忠誠心の深い譜代衆が有能だったのは言うまでもないですが、彼らを信頼し、適切なポジションで働かせた家康の指揮官としての能力は、おそらく信長・秀吉より優れていました。松平氏伝統の武勇・慈悲・情けの3拍子が揃《そろ》い、幼少時からの艱難辛苦《かんなんしんく》に耐え、しかも健康で長生きした、日本史上最高の人材だったのかもしれません。

しかし、そのような**「神君《しんくん》」徳川家康**だったからこそ、その死後、譜代衆にとっては残酷な現実を突きつけられる結果ともなったのです。

『三河物語』の最後は、50代半ばになった大久保彦左衛門忠教が、自らの晩節を全《まっと》うするべく、子孫への教訓という形で、「三河武士・譜代衆たる覚悟の言葉」を残した部分です。
例えば、一見、頼りなさそうな3代将軍家光《しょうぐんいえみつ》が後継者に選ばれた時、反対した人々たちに対し「どこに目をつけているのか」と非難を加え、「松平清康《きよやす》や家康も若くして当主になったがその後を見よ」と喝破《かっぱ》しています。「代々の譜代衆ではないお前たちに何がわかる」と言いたいのです。

彦左衛門は、昨今の譜代衆に対する冷遇に納得がいきません。

「一族の命をかけて戦い、松平・徳川氏に仕えるという修羅場をくぐってきた三河武士・譜代衆の子孫は、現在、譜代大名となっている者もいるが、旗本《はたもと》（1万石未満の直参《じきさん》で将軍お目見え以上）や御家人（微禄の直参で将軍お目見え以下）として恵まれない者が多い」
「武勇より世渡りに秀でている他国出身の譜代大名・旗本、僧侶《そうりょ》（金地院崇伝《こんちいんすうでん》や南光坊天海《なんこうぼうてんかい》）、儒者《じゅしゃ》（林羅山《はやしらざん》）、西洋人（ウイリアム＝アダムズやヤン＝ヨーステン）などが優遇されている。そして、一門衆たる親藩大名《しんぱんだいみょう》ならまだしも、外様《とざま》大名など元の敵であるのにえらい気の遣《つか》いようだ」さらに「万一、幕府《ばくふ》に何事か起これば、彼らは一斉《いっせい》に逃げ出すだろう」と憤慨《ふんがい》しています。

「過去に譜代衆を簡単に解雇したりしたのも間違いである。そもそも適材適所という言葉があるように、使う側の責任は重大」「他国出身者は三河武士と違い、武勇も足りなければ礼儀もなっていない、そろばん勘定ばかりしており、何よりもポッと出である」「しかしどうやら、そのほうが待遇がよくなる時代らしい」とまで、主君からすれば耳の痛いことも平気で書いています。

しかし、ここからが彦左衛門の真骨頂《しんこっちょう》です。子孫に対し、言い放つのです。

「現在の主君である2代将軍秀忠《しょうぐんひでただ》などありがたくも何ともないが、大久保家が代々の主君から受けてきた御恩は確かにある。ならば**代々の譜代衆としての矜持《きょうじ》を胸に、こんな世の中でも苦難を忍び、松平・徳川への忠義を貫き通し奉公せよ！**」と。

『三河物語』には、70歳を超えた彦左衛門が記したあとがきが付いています。

「もしこの物語を、他の譜代衆の方々がご覧になっても、大久保家の事ばかり良く書いてあるな、などと思わないでほしい。決してそうではない。本書は、他人様に見せようとしたのではなく、ただ我が子に対し、私を含む大久保家の代々が、歴代の松平・徳川家に命がけで仕え、一度も裏切らず忠節を尽くしてきたことを書き置いたのだ。門外不出と申し添えておいたので、誰もご覧になることはないだろうが、もし何かの都合でご覧になっても、ゆめゆめ誤解なきよう」

「あなた方の家も、忠節の筋目をこのように子孫に書き残されるといい。私は自分の家のことばかり書き、子孫に残した。他の家のことは書かなかった。以上」

なんと潔《いさぎよ》い、本物の譜代衆・三河武士であったことか！

貴重な時間とお金を遣い、お読みいただきありがとうございました。

『三河物語』関連年表

年号	西暦	主なできごと
応仁元	1467	徳川氏の初代・松平親氏（徳阿弥）が死去（諸説あり）
永正5	1508	5代・長親が北条早雲の三河襲来を退ける
永正16	1519	6代・信忠が家臣からの信頼を失って隠居する
大永4	1524	7代・清康が大久保忠茂の計略によって山中城を奪う
享禄2	1529	清康が東三河を平定し、尾張の岩崎・品野を占領する
天文3	1534	織田信長が尾張国で誕生する
天文4	1535	清康、尾張守山に出陣するが、家臣に殺される〈守山崩れ〉。織田信秀が三河を攻めるが、敗退する〈伊田合戦〉
天文6	1537	豊臣秀吉が尾張国で誕生する。8代・広忠が岡崎城に入る
天文9	1540	信秀が三河を攻め、安城城を攻略する
天文11	1542	9代・家康が広忠の長子として誕生する。幼名は竹千代
天文12	1543	種子島に鉄砲伝来
天文16	1547	竹千代が織田の人質となる
天文17	1548	今川・松平連合軍が信秀と三河で戦う〈小豆坂の戦い〉
天文18	1549	広忠が死去。キリスト教が伝来する。竹千代が今川義元の人質として、駿河国に下る
天文20	1551	信秀が死去
弘治元	1555	竹千代が元服し、次郎三郎元康と名乗る
弘治3	1557	元康、義元の姪・瀬名（築山殿）と婚姻
永禄元	1558	秀吉、信長に仕える

『三河物語』関連年表

永禄3	1560	元康が兵糧を入れるために大高城に入る。義元が尾張に侵攻するが、信長に討たれる〈桶狭間の戦い〉 元康が岡崎城に帰還。大久保忠員の8子として、『三河物語』作者・彦左衛門（忠教）が誕生する
永禄5	1562	元康、信長と同盟を結ぶ〈清洲同盟〉
永禄6	1563	三河で松平の家臣らも加わった一向一揆が起こる〈三河の一向一揆〉。元康、家康と名を改める
永禄7	1564	家康、三河一向一揆を平定する
永禄9	1566	家康、姓を松平から徳川に改め、三河守に任じられる
永禄11	1568	家康、武田信玄と申し合わせ遠江を獲得。武田は駿河を獲得
元亀元	1570	信長・家康連合軍、北近江で浅井長政を破る〈姉川の戦い〉
元亀2	1571	信長が比叡山延暦寺を焼討ちする
元亀3	1572	家康、遠江の三方ヶ原で信玄と戦うも大敗する〈三方ヶ原の戦い〉
天正元	1573	信玄が死去。信長が将軍・足利義昭を追放し、室町幕府が滅亡する。
天正3	1575	織田・徳川連合軍、三河の長篠で武田勝頼を破る〈長篠の戦い〉。大久保忠教（彦左衛門）、家康に仕える
天正7	1579	家康、妻の築山殿を殺害し、嫡男・信康を切腹させる
天正10	1582	織田・徳川連合軍、甲斐を攻撃。武田氏を滅ぼす 信長が家臣の明智光秀に攻撃され自害する〈本能寺の変〉。家康、伊賀路を通るなどして岡崎に帰還〈伊賀越え〉
天正12	1584	信長の二男・信雄、秀吉から離れ家康に接近する。家康・信雄軍、尾張長久手で秀吉軍を破る〈小牧・長久手の戦い〉
天正13	1585	秀吉が関白に任じられる。彦左衛門の兄・大久保忠世らが、信濃の上田城を攻めるも真田昌幸に撃退される〈第一次上田合戦〉
天正14	1586	家康、秀吉の妹・朝日姫と婚姻。秀吉の生母・大政所が人質として岡崎城に入る。秀吉、太政大臣に就任し豊臣の姓を授かる
天正15	1587	秀吉、九州征伐に出陣する
天正16	1588	秀吉、刀狩令を発する

天正18	1590	家康の妻・朝日姫が亡くなる。家康、小田原攻めの先鋒として出陣する 北条氏が滅びる。家康、秀吉に従い関東に国替えとなり、江戸城に入る
天正19	1591	家康、九戸政実の乱を鎮めるため陸奥の岩手沢に出陣する
文禄元	1592	家康、秀吉の朝鮮出兵の命に従い肥前の名護屋に出向く〈文禄の役〉
文禄2	1593	家康・秀吉、名護屋から帰る
慶長元	1596	家康が内大臣に任じられる。秀吉が長崎でキリスト教徒26人を殺害する
慶長2	1597	秀吉、再度朝鮮に出兵する〈慶長の役〉
慶長3	1598	秀吉が死去
慶長5	1600	家康、上杉景勝を討つために会津に向かう。石田三成が家康に対し挙兵する 家康、美濃の関ヶ原で三成軍に大勝する〈関ヶ原の戦い〉
慶長8	1603	家康が征夷大将軍に任命され、江戸幕府を開く
慶長10	1605	家康、将軍職を息子の秀忠にゆずり、みずからは大御所に
慶長11	1606	家康、諸大名に江戸城の大増築を命じる
慶長12	1607	家康、江戸城から駿府城に移る
慶長19	1614	大久保長安の不始末により、大久保忠隣が領地を没収され、配流される。方広寺鐘銘問題が起こる 家康が大坂城の豊臣秀頼を討つために出陣〈大坂冬の陣〉。家康と秀頼の和議が成立する
元和元	1615	家康・秀頼の和議が決裂し、家康は再び大坂を攻撃する〈大坂夏の陣〉。大坂城が炎上。秀頼・淀殿が自害し、豊臣氏が滅ぶ
元和2	1616	家康、駿河の田中で鷹狩をしている際に発病する。家康、太政大臣に任じられる 家康、駿府で死去（享年74歳）
元和3	1617	家康、東照大権現の称号を授かる。家康の遺体、日光に改葬される

[著者プロフィール]

伊藤賀一（いとう・がいち）

1972年、京都府生まれ。法政大学文学部史学科卒業後、東進ハイスクールを経て、現在、リクルート運営のオンライン予備校「スタディサプリ」で高校日本史・歴史総合・倫理・政治経済・現代社会・公共、中学地理・歴史・公民の9科目を担当する「日本一生徒数の多い社会科講師」。43歳で一般受験し、早稲田大学教育学部生涯教育学専修卒業。著書に『改訂版 世界一おもしろい 日本史の授業』『笑う日本史』（以上、KADOKAWA）『1日1ページで身につく！ 歴史と地理の新しい教養365』（幻冬舎新書）などがある。

参考文献

『現代語訳　三河物語』（ちくま学芸文庫）
『三河物語』（徳間書店）
『詳説　日本史研究』（山川出版社）
『日本の歴史15　織豊政権と江戸幕府』（講談社）
『列島の戦国史9　天下人の誕生と戦国の終焉』（吉川弘文館）
『家康の戦略を支えた 最強 徳川家臣団のすべて』（宝島社）
『キャラ絵で学ぶ！　徳川家康図鑑』（すばる舎）

装丁デザイン　大前浩之（オオマエデザイン）
編集協力　辰本清隆、萩一晶、山崎香織
校正　辰本清隆、松澤光宏
DTP　ハタ・メディア工房、岩井峰人
図版作成　BIKKE、田端昌良（ゲラーデ舎）
本文デザイン・DTP　尾本卓弥（リベラル社）
編集　榊原和雄（リベラル社）
編集人　伊藤光恵（リベラル社）
営業　津田滋春（リベラル社）
制作・営業コーディネーター　仲野進（リベラル社）

編集部　鈴木ひろみ・中村彩・安永敏史
営業部　津村卓・澤順二・廣田修・青木ちはる・竹本健志・持丸孝・坂本鈴佳

リベラル新書 003

三河物語　徳川家康25の正念場

2023年1月26日　初版発行

著　者　伊藤　賀一
発行者　隅田　直樹
発行所　株式会社 リベラル社
〒460-0008　名古屋市中区栄3-7-9　新鏡栄ビル8F
TEL 052-261-9101　FAX 052-261-9134
http://liberalsya.com
発　売　株式会社 星雲社（共同出版社・流通責任出版社）
〒112-0005　東京都文京区水道1-3-30
TEL 03-3868-3275
印刷・製本所　株式会社 シナノパブリッシングプレス

　ISBN978-4-434-31484-1　C0221